四特 教育系列丛书 SITEJIAOYUXILIECONGSHU

体操运动竞赛

《"四特"教育系列丛书》编委会 编著

吉林出版集团股份有限公司
全国百佳图书出版单位

图书在版编目（CIP）数据

体操运动竞赛／《"四特"教育系列丛书》编委会编著.
—长春：吉林出版集团股份有限公司，2012.4
（"四特"教育系列丛书／庄文中等主编.学校体育竞
赛与智力游戏活动策划）
ISBN 978-7-5463-8622-5

Ⅰ.①体… Ⅱ.①四… Ⅲ.①体操－运动竞赛－青年读物
②体操－运动竞赛－少年读物 Ⅳ.① G830.73-49

中国版本图书馆 CIP 数据核字（2012）第 042010 号

体操运动竞赛
TICAO YUNDONG JINGSAI

出 版 人	吴 强	
责任编辑	朱子玉 杨 帆	
开 本	690mm×960mm 1/16	
字 数	250 千字	
印 张	13	
版 次	2012 年 4 月第 1 版	
印 次	2023 年 2 月第 3 次印刷	

出 版	吉林出版集团股份有限公司	
发 行	吉林音像出版社有限责任公司	
地 址	长春市南关区福祉大路 5788 号	
电 话	0431-81629667	
印 刷	三河市燕春印务有限公司	

ISBN 978-7-5463-8622-5 　　　　　定价：39.80 元

前　言

　　学校教育是个人一生中所受教育的最重要组成部分,个人在学校里接受计划性的指导,系统地学习文化知识、社会规范、道德准则和价值观念。学校教育从某种意义上讲,决定着个人社会化的水平和性质,是个体社会化的重要基地。知识经济时代要求社会尊师重教,学校教育越来越受重视,在社会中起到举足轻重的作用。

　　"四特教育系列丛书"以"特定对象、特别对待、特殊方法、特例分析"为宗旨,立足学校教育与管理,理论结合实践,集多位教育界专家、学者以及一线校长、老师们的教育成果与经验于一体,围绕困扰学校、领导、教师、学生的教育难题,集思广益,多方借鉴,力求全面彻底解决。

　　本辑为"四特教育系列丛书"之《学校体育竞赛与智力游戏活动策划》。

　　学校体育运动会是学校教育教学工作的一个重要组成部分,是体育活动中的一个重要内容。它不仅可以增强学生的体质,同时,也可以增强自身的意志和毅力,并在思想品质的教育上,发挥不可替代的作用。学校通过举办体育运动会,对推动学校体育的开展,检查学校的体育教学工作,提高体育教学、体育锻炼与课余体育训练质量和进行学校精神文明建设等都具有重要的意义。本书旨在普及体育运动的知识,充分调动广大青少年学生参与体育活动的积极性,内容包括学校体育运动会各个单项的竞赛与裁判知识等内容,具有很强的系统性、实用性、实践性和指导性,

　　将智力和游戏结合起来,通过游戏活动达到大脑锻炼的目的,是恢复疲劳、增强脑力、重塑脑功能结构的主要方式,是智力培养的重要措施。

　　青少年的大脑正处于发育阶段,具有很大的塑造性,通过智力游戏活动,能够培养和开发大脑的智能。特别是广大青少年都具有巨大的学习压力,智力游戏活动则能够使他们在轻松愉快的情况下,既完成繁重的学业任务,又能提高智商和情商水平,可以说是真正的素质教育。为了使广大青少年在玩中学习,在乐中提高,我们根据青少年的生理、心理特点,特别编写这套书。我们采用做游戏、讲故事等方法,让广大青少年思考问题,解决难题,并在玩乐的过程中,循序渐进地提高智商和开发智力,达到学习与娱乐双丰收的效果。

　　本辑共20分册,具体内容如下:

　　1.《团体球类运动竞赛》

　　学校体育运动的目的是调动学生活动的兴趣,提高学生参加体育运动和各种活动的积极性和参与率,让学生在运动中才能体会到参与的快乐。本书就学校团体球类运动的竞赛与裁判问题进行了系统而深入的阐述,使学生掌握组织团体球类竞赛的方法体例科学,内容全面,具有很强的系统性、实用性、实践性和指导性。

2.《小型球类运动竞赛》

小型球类运动竞赛包括排球、羽毛球和乒乓球等比赛。学校体育运动的目的是调动学生活动的兴趣,提高学生参加体育运动和各种活动的积极性和参与率,让学生在运动中才能体会到参与的快乐。小型球类运动竞赛包括排球、羽毛球和乒乓球等比赛。本书就学校个人球类运动的竞赛与裁判问题进行了系统而深入的阐述,体例科学,内容全面,具有很强的系统性、实用性、实践性和指导性。

3.《跑走跨类田径竞赛》

学校体育运动的目的是调动学生活动的兴趣,提高学生参加体育运动和各种活动的积极性和参与率,让学生在运动中才能体会到参与的快乐。跑走跨类田径竞赛包括长短跑、跨栏跑和竞走等项目比赛。本书就学校跑走跨类田径运动的竞赛与裁判问题进行了系统而深入的阐述,体例科学,内容全面,具有很强的系统性、实用性、实践性和指导性。

4.《跳跃投掷类田径竞赛》

长期来,在技术较为复杂的非周期性田径项目的教学中,一般都采用以分解为主的教学法。这种教学法,教学手段繁琐,教学过程复杂,容易产生技术的割裂和停顿现象,特别是与现代跳跃和投掷技术的快速和连贯性有着明显的矛盾。因此,它对当前进一步提高教学质量产生十分不利的影响。本书就学校跳跃投掷类田径运动的竞赛与裁判问题进行了系统而深入的阐述,体例科学,内容全面,具有很强的系统性、实用性、实践性和指导性。

5.《体操运动竞赛》

竞技性体操包括竞技体操、艺术体操、健美操、技巧、蹦床五项运动。其中,竞技体操男子项目有自由体操、鞍马、吊环、跳马、双杠、单杠六项,女子项目有跳马、高低杠、平衡木、自由体操四项。本书就学校竞技体操运动的竞赛与裁判问题进行了系统而深入的阐述,体例科学,内容全面,具有很强的系统性、实用性、实践性和指导性。

6.《趣味球类竞赛》

学校体育运动的目的是调动学生活动的兴趣,提高学生参加体育运动和各种活动的积极性和参与率,让学生在运动中才能体会到参与的快乐。本书就学校趣味球类竞赛项目运动的竞赛与裁判问题进行了系统而深入的阐述,体例科学,内容全面,具有很强的系统性、实用性、实践性和指导性。

7.《水上运动竞赛》

水上运动包含五个项目:游泳,帆船,赛艇,皮划艇,水球。本书就学校水上运动的竞赛与裁判问题进行了系统而深入的阐述,体例科学,内容全面,具有很强的系统性、实用性、实践性和指导性。

8.《室内外运动竞赛》

室内运动栏目包括瑜伽、拉丁、肚皮舞、普拉提、健美操、踏板操、舍宾、跆拳道等,户外运动栏目包括攀岩登山,动感单车,潜水游泳,球类运动等。本书就学校室内外运动的竞赛与裁判问题进行了系统而深入的阐述,体例科学,内容全面,具有很强的系统性、实用性、实践性和指导性。

9.《冰雪运动竞赛》

冰雪运动主要包括冬季运动和轮滑运动训练、竞赛、医疗、科研、教学、健身、运动器材、冰雪旅游等。本书就学校冰雪运动的竞赛与裁判问题进行了系统而深入的阐述,体例科学,内容全面,具有很强的系统性、实用性、实践性和指导性。

10.《趣味运动竞赛》

趣味运动,是民间游戏的全新演绎,是集思广益的智慧创造,它的样式不同,内容各异。趣味运动会将"趣味"融于"团队"中,注重个人的奉献与集体的协作。随着中国经济文化的迅速发展,人们精神文化生活的丰富,趣味体育也有了更广阔的发展,成为一种新的时尚。本书就学校趣味运动的竞赛与裁判问题进行了系统而深入的阐述,体例科学,内容全面,具有很强的系统性、实用性、实践性和指导性。

11.《锻炼学生观察力的智力游戏策划》

发展观察力的游戏有"目测"、"寻找"、"发现"等。这些游戏可帮助学生加强观察的目的性、计划性,扩大观察范围,使孩子能更多、更清楚地感知事物。本书对锻炼学生观察力的智力游戏项目策划进行了系统而深入的阐述,体例科学,内容全面,具有很强的系统性、实用性、实践性和指导性。

12.《锻炼学生注意力的智力游戏策划》

注意力是儿童普遍存在的问题。他们在听课、做作业、看书、活动等事情上,往往不能集中注意力,也没有耐性。在人们的生活、学习和工作过程中,注意力起着非常重要的作用。有位教育专家说:注意力是学习的窗口,没有它,知识的阳光就照射不进来。本书对锻炼学生注意力的智力游戏项目策划进行了系统而深入的阐述,体例科学,内容全面,具有很强的系统性、实用性、实践性和指导性。

13.《锻炼学生记忆力的智力游戏策划》

记忆力游戏是一种主要依赖于个人记忆力来完成的单人或团体游戏。这类游戏的形式无论是现实或网络中都非常多的,能否胜出本质上取决于个人的记忆力强弱,这也是一种心理学游戏。本书对锻炼学生记忆力的智力游戏项目策划进行了系统而深入的阐述,体例科学,内容全面,具有很强的系统性、实用性、实践性和指导性。

14.《锻炼学生思维力的智力游戏策划》

这是一本不可思议的挑战人类思维的奇书,全世界聪明人都在做。在这本书里,你会找到极其复杂的,也是非常简单的推理问题,让人迷惑不解的图形难题,需要横向思维的难题和由词语、数字组成的纵横字谜,以及大量的包含图片、词语或数字,或者三者兼有的难题,令你绞尽脑汁,晕头转向!现在,你需要的是一支铅笔和一个安静的角落,请尽情享受解题的乐趣吧!

15.《锻炼学生想象力的智力游戏策划》

学校的智力游戏活动主要是锻炼学生认识、理解客观事物并运用知识、经验等解决问题的能力,它是直接为学生提高学习能力而服务的,也是学生学习知识的实践运用,它不仅具有趣味性,更具有娱乐性。本书对锻炼学生想象力的智力游戏项目策划进行了系统而深入的阐述,体例科学,内容全面,具有很强的系统性、实用性、实践性和指导性。

16.《锻炼学生表达力的智力游戏策划》

语言表达能力是现代人才必备的基本素质之一。在现代社会,由于经济的迅猛发展,人们之间的交往日益频繁,语言表达能力的重要性也日益增强,好口才越来越被认为是现代人所应具有的必备能力。本书从大量的益智游戏中精选了一些能提高青少年记忆力的思维游戏,为广大读者提供一个检视自身思维结构、全面解码知识、融通知识、锻炼思维的自我训练平台。

17.《锻炼学生学习力的智力游戏策划》

学校的智力游戏活动主要是锻炼学生认识、理解客观事物并运用知识、经验等解决问题的能力,它是直接为学生提高学习能力而服务的,也是学生学习知识的实践运用,它不仅具有趣味性,更具有娱乐性。本书对锻炼学生学习力的智力游戏项目策划进行了系统而深入的阐述,在游戏中培养孩子的学习能力。体例科学,内容全面,具有很强的系统性、实用性、实践性和指导性。

18.《锻炼学生空间力的智力游戏策划》

学校的智力游戏活动主要是锻炼学生认识、理解客观事物并运用知识、经验等解决问题的能力,它是直接为学生提高学习能力而服务的,也是学生学习知识的实践运用,它不仅具有趣味性,更具有娱乐性。本书对锻炼学生空间力的智力游戏项目策划进行了系统而深入的阐述,体例科学,内容全面,具有很强的系统性、实用性、实践性和指导性。

19.《锻炼学生实践力的智力游戏策划》

社会实践即通常意义上的假期实习,对于在校大学生具有加深对本专业的了解、确认适合的职业、为向职场过渡做准备、增强就业竞争优势等多方面意义。也有些学生希望趁暑假打份零工,积攒一份私房钱。本书对社会锻炼学生实践力的智力游戏项目策划进行了系统而深入的阐述,体例科学,内容全面,具有很强的系统性、实用性、实践性和指导性。

20.《锻炼学生创造力的智力游戏策划》

本书对创造能力的培养进行研究,包括创造力的认识误区、创造力生成的基本理论、创造力的提升、管理者应具备的技能等,同时针对学生设计的游戏形式来进行创造力的训练。其实,想要激发孩子的创造力,你不必在家里放上昂贵的玩具和娱乐设施。一些简单的活动,比如和宝宝玩拍手游戏,或者和孩子一起编故事,所有这些都能让孩子进入有创意的世界。本书对锻炼学生创造力的智力游戏项目策划进行了系统而深入的阐述,体例科学,内容全面,具有很强的系统性、实用性、实践性和指导性。

由于时间、经验的关系,本书在编写等方面,必定存在不足和错误之处,衷心希望各界读者、一线教师及教育界人士批评指正。

编者

目　录

第一章　艺术体操运动的竞赛与裁判 …………………………（1）

　1. 艺术体操的概述 ………………………………………（2）

　2. 艺术体操的竞赛设施 …………………………………（6）

　3. 艺术体操的技术特征 …………………………………（9）

　4. 徒手操基本技术动作 …………………………………（10）

　5. 球操基本技术动作 ……………………………………（13）

　6. 圈操基本技术动作 ……………………………………（15）

　7. 绳操基本技术动作 ……………………………………（17）

　8. 带操基本技术动作 ……………………………………（19）

　9. 火棒操基本技术动作 …………………………………（20）

　10. 艺术体操的竞赛项目 …………………………………（22）

　11. 艺术体操的裁判选配 …………………………………（23）

　12. 艺术体操竞赛的评分 …………………………………（24）

　13. 注意事项 ………………………………………………（28）

第二章　健美体操运动的竞赛与裁判 …………………………（31）

　1. 健美体操的概述 ………………………………………（32）

　2. 健美体操的设施环境 …………………………………（36）

　3. 健美操的技术特征 ……………………………………（39）

　4. 健美体操的基本技术 …………………………………（41）

　5. 健美体操的基本动作 …………………………………（42）

6. 大学生健身健美操基本技术 ……………………（50）

7. 啦啦操基本动作 ……………………（60）

8. 街舞基本技术 ……………………（64）

9. 拉丁健身操基本技术 ……………………（70）

10. 搏击操基本技术 ……………………（76）

11. 瘦身健美操技术 ……………………（78）

12. 身材健美操技术 ……………………（79）

13. 踏板操基本技术 ……………………（81）

14. 哑铃基本技术 ……………………（82）

15. 健美体操竞赛规则 ……………………（86）

16. 健美体操的裁判配备 ……………………（87）

17. 健美操竞赛的评分 ……………………（91）

18. 健美体操的注意事项 ……………………（100）

第三章　技巧体操运动的竞赛与裁判 ……………………（103）

1. 技巧体操的概述 ……………………（104）

2. 技巧体操的竞赛设施 ……………………（105）

3. 技巧体操的基本技术 ……………………（108）

4. 技巧体操的竞赛项目 ……………………（114）

5. 技巧体操的裁判 ……………………（116）

6. 技巧体操的评分 ……………………（118）

第四章　自由体操的竞赛与裁判 ……………………（121）

1. 自由体操概述 ……………………（122）

2. 场地器材 ……………………（123）

3. 基本技术动作 ……………………（125）

4. 竞赛裁判 ……………………（128）

5. 竞赛评分规则 ……………………（129）

第五章　鞍马运动的竞赛与裁判…………………（133）

　　1. 鞍马的概述 ………………………………………（134）

　　2. 器械设施 …………………………………………（136）

　　3. 技术动作 …………………………………………（138）

　　4. 评分规则 …………………………………………（139）

第六章　吊环运动的竞赛与裁判…………………（141）

　　1. 吊环的概述 ………………………………………（142）

　　2. 器材场地 …………………………………………（143）

　　3. 技术动作 …………………………………………（144）

　　4. 裁判评分 …………………………………………（146）

第七章　跳马运动的竞赛与裁判…………………（149）

　　1. 跳马的概述 ………………………………………（150）

　　2. 器材设施 …………………………………………（152）

　　3. 技术动作 …………………………………………（153）

　　4. 评分规则 …………………………………………（153）

第八章　双杠运动的竞赛与裁判…………………（155）

　　1. 双杠的概述 ………………………………………（156）

　　2. 场地器械 …………………………………………（158）

　　3. 技术动作 …………………………………………（160）

　　4. 单个动作 …………………………………………（162）

　　5. 裁判评分 …………………………………………（165）

　　6. 评分原则 …………………………………………（167）

第九章　单杠运动的竞赛与裁判…………………（169）

　　1. 单杠的概述 ………………………………………（170）

　　2. 设施器材 …………………………………………（177）

3. 技术动作 ……………………………………………（177）

4. 裁判评分 ……………………………………………（184）

第十章　高低杠运动的竞赛与裁判 ……………………（185）

1. 高低杠的概述 ………………………………………（186）

2. 器材设施 ……………………………………………（187）

3. 技术动作 ……………………………………………（188）

4. 裁判评分 ……………………………………………（189）

第十一章　平衡木运动的竞赛与裁判 …………………（191）

1. 平衡木概述 …………………………………………（192）

2. 场地设施 ……………………………………………（193）

3. 技术动作 ……………………………………………（194）

4. 裁判规则 ……………………………………………（196）

5. 评分规则 ……………………………………………（197）

第一章

艺术体操运动的竞赛与裁判

1．艺术体操的概述

艺术体操是一项新型的女子竞技体育项目，是国际体育竞赛项目，又常被称为韵律体操，有团体赛、个人全能赛和个人单项赛。艺术体操也是学校运动会常见项目。

基本状况

（1）概念

艺术体操是一项徒手或手持轻器械在音乐伴奏下以自然性和韵律性动作为基础的体育运动项目，也是一种艺术性较强的女子竞技性体操项目。

（2）内容

艺术体操动作内容繁多、风格各异，而各类动作均具有优美和艺术性的特征，并充分地展现出协调、韵律、柔和、幽雅等女性健美气质，因此非常符合女子的生理和心理特点。

（3）动作

艺术体操动作包括走、跑、跳、转体、平衡和身体各部位的摆动、绕环、屈伸、波浪等徒手练习，以及手持绳、圈、球、火棒、彩带、纱巾等各种轻器械的练习。

（4）作用

通过这些肌肉都能得到均衡的发展，对身体的全面发展能起到良好的作用。它不仅能发展柔韧、力量、协调、灵巧等身体素质，锻炼健美的体态和培养良好的身体姿态，而且还可以培养节奏感、优美感，提高音乐素养和表现力。所以，艺术体操是女子体育教育的重要组成部分，也是进行美育教育的一种有效手段。

（5）要求

①时间价值　艺术体操个人竞赛要求音乐时间为1分15秒至1分30秒，每套动作的技术价值由10个最高价值的难度来决定的。在运动员所完成的10个最高价值难度中，至少有5个难度动作是属于各项器械所要求的规定身体动作组，并且要与器械特有的技术动作紧密

结合；

②人员数量　艺术体操集体竞赛要求每套动作必须由 5 名运动员来完成。

（6）项目

艺术体操在体育领域中还是一个较新的运动项目，作为国际性竞技项目至今有 40 多年历史。从 1984 年开始，艺术体操已成为奥运会的竞赛项目。

历史发展

（1）传入中国

艺术体操起源于 19 世纪末 20 世纪初的欧洲，并于 20 世纪 50 年代经前苏联传入我国。当艺术体操在 20 世纪中期引起国际体操联合会的关注之时，这项运动的爱好者们把它叫做"现代体操"。

19 世纪艺术体操还没有单独分出来，它的起源也许还和芭蕾舞有着千丝万缕的联系。直至 20 世纪 30 年代在东欧出现表演赛之前，这个项目的发展一直非常缓慢，但是在得到了国际体联的关注之后，艺术体操马上吸引了世界各地的女选手们。

（2）体操雏形

19 世纪末出现有音乐伴奏的各种身体动作练习。20 世纪初，法国的生理学家乔治·德迈尼、瑞士的音乐教师台尔·克罗兹、德国的舞蹈教师拉班以及现代体操家博德和梅道等人主张以女子优美的自然体型为基础，在音乐伴奏下，做出各种有节奏的艺术造型动作活动。从而发展女子身体的柔韧性，形成正确的健康的身体形态，同时增强人体动作的艺术性和协调性。

后来，专门从事研究体育与医学的爱沙尼亚人艾德勒及他的学生库普，在长期致力于创造符合美学要求的和谐的研究之后，将动力性动作与放松的流线型动作交替进行，最终形成了具有活力及独特风格节奏体操的雏形。

（3）正式命名

艺术体操就是在这个基础上，经过长期实践逐渐形成的。20 世纪 50 年代正式定名为艺术体操。

1962 年被国际体操联合会确定为竞赛项目。1963 年举办第一届世界艺术体操锦标赛，*1984* 年第二十三届奥运会被列为奥运会竞赛项目。

韵律体操原来只有女子竞赛项目，但现在日本、美国、加拿大、澳大利亚、俄罗斯、韩国、马来西亚、墨西哥等国家，已有男子进行韵律体操运动，称为男子艺术体操，首届世界男子艺术体操锦标赛于 *2003* 年 *11* 月 *27* 日到 *29* 日召开。

（4）男女区别

①女子体操　与女子项目不同的是，女子的艺术体操主要有：绳操、圈操、球操、棒操和带操五种；

②男子体操　通常没有球操和棒操，但加入了棍操。但西班牙的鲁本·奥利维拉、却将全部女子项目同时加以男子化。其身体所展现的柔韧性不逊于任何女子艺术体操运动员。

（5）艺术综合

艺术体操的吸收了芭蕾舞、现代舞、民间舞和杂技等精华，不但能够培养运动员的力量、灵巧、节奏感等素质，从心理和生理角度来看，更符合女子锻炼的要求，是深受现代女性欢迎的运动。

（6）新兴项目

艺术体操是一项新兴的体育项目，它在 *20* 世纪 *80* 年代以其特有的魅力在各体育院校广泛开展起来，随着社会的发展，该项目在中国国内已产生了较大的影响。

（7）中国发展

自 *1981* 年我国首次参加艺术体操世界锦标赛至今，艺术体操经历了 *20* 多年的发展历程。纵观我国艺术体操的发展现状，并从训练体系科学化与完整化，提高教练员队伍水平发挥教练队伍年轻化的优势、成套动作的编排、后备力量的培养等方面进行了探讨，进 *1* 步展望了艺术体操的发展趋势及中国竞技性艺术体操的发展方向。

种类状况

根据不同的目的任务，可把艺术体操分为一般性艺术和竞技性艺术体操两大类。

（1）一般性艺术体操

①自然动作　它是以自然动作和协调动作为基础，在音乐伴奏下

进行的个人或集体练习。一般性艺术体操的动作更强调自然性，强调紧张与放松的相互交替，并充分利用"重力"这个自然规律来完成自然动作，如在腿和臂的摆动和身体的倒体动作中，都充分利用了重力作用，而竞技性艺术体操中则比较多地强调克服这种重力，使动作达到更高标准和更精确的程度。

②培养能力　一般性艺术体操主要任务是发展协调、柔韧、力量、耐力等身体素质，增进健康，培养良好的身体姿态和平衡能力。通过培养动作意识，使练习者更加生机勃勃，增添自然的美和培养愉快、活泼的情感。通过手持轻器械的练习和集体练习中队列队形的变化，有助于提高动作的协调性和对空间、时间、同伴、器械等外界条件变化的适应能力，还可培养集体主义精神。

③体操分类　一般性艺术体操包括徒手和轻器械练习。手持的轻器械多种多样，除绳、圈、球、棒、带外，还有纱巾、旗子、棍棒、铃鼓和扇子等，还可创造更新的适合集体表演的轻器械。

④发展优势　一般性艺术体操不受场地和器械设备的限制，对身体素质的要求也不太高，没有危险性，很受广大女青少年的喜爱，所以很适宜在大、中、小学广泛开展。

（2）竞技性艺术体操

①适用范围　它是在自然动作基础上，通过更精确的身体和器械动作及高难度的技术，在音乐伴奏下进行的个人和团体的一种竞技性练习；

②主要任务　竞技性艺术体操除具有一般性艺术体操所要完成的任务外，主要任务是提高技术水平和参加竞赛；

③规则标准　竞技性艺术体操有独自的规则和评分方法。在正式竞赛中，一般不设徒手项目，国际体联正式规定，只有绳、圈、球、棒、带五种器械进行竞赛。竞赛包括个人项目和集体项目。竞赛规则对场地、时间、人数、难度数量及各种错误，都有具体规定和扣分标准。但在各类学或基层组织竞赛时，可根据具体情况设徒手项目竞赛。对竞赛要求和规则执行方面可灵活运用。

2．艺术体操的竞赛设施

艺术体操需要一定的场地设施，同时艺术体操还必须有球、圈、绳、棒、带等基本器械。

场地设施

（1）露天竞赛场地

艺术体操场地与自由体操场地相近似，场地上铺一层地毯，地毯下面有一层弹性适中的衬垫。

（2）馆内竞赛场地

艺术体操竞赛馆的高度至少 8 米，最好 10 米至 12 米，竞赛场地为 13 米 × 13 米（内沿），沿场地边缘要留至少 0.5 米宽的距离，竞赛场地与观众之间必须最少有 40 米的安全距离。

器材装备

（1）绳

①标准　采用麻或合成纤维制成，可染成除金、银、铜以外的其他颜色。长短同运动员身高。两端有小结头，中段可缠布条或胶布；

②动作　竞赛由过绳跳、摆动、绕环、八字、抛接、跳跃、平衡以及各种交换绳握法等动作编排而成。

（2）球

①标准　采用橡胶或软塑料制成，可选用除金、银、铜以外的其他颜色。直径 0.18 米至 0.2 米，重 400 克以上；

②动作　竞赛由拍球、滚动、转动、绕环、8 字、抛接、跳跃、平衡以及旋转等动作编排而成。

（3）棒

①标准　采用木材或合成材料制成，可染成除金、银、铜以外的其他颜色。全长 0.4 米至 0.5 米，重 150 克以上，形状如瓶，细端为颈，粗端为体，顶端为头；

②动作　竞赛由绕环、空中转动、抛接、摆动、跳跃、平衡以及敲击等动作编排而成。

（4）带

①标准　由棍、尼龙绳或带构成。棍可采用木、竹、塑料或玻璃纤维等材料制成；带可采用缎或类似材料制作，可选用除金、银、铜以外的其他颜色。带长6米，宽0.04米至0.06米，重35克以上。棍长0.5米至0.6米，直径不超过0.01米，一端有金属环，与绳或带相连；

②动作　竞赛由绕环、螺形、抛接、摆动、跳跃、平衡、转体、8字以及蛇形等动作编排而成。

（5）圈

①标准　采用木材或塑料制成，可染成或选用除金、银、铜以外的其他颜色。横断面可以是圆形、方形、椭圆形等。内径0.8米至0.9米，重300克以上；

②动作　竞赛由滚动、转动、8字、绕环、抛接、旋转、钻圈以及平衡等动作编排而成。1988年被列为奥运会竞赛项目。

服饰装饰

（1）服装要求

①限制　体操服装一定要端正，不能透明，可以带袖或者不带袖。背带式体操服不允许使用。体操服上不允许有闪光片、饰带、花边等任何装饰品；

②允许　可以赤脚或者穿体操鞋。

③提倡　如果是团体竞赛，体操服还要注意统一协调。

音乐选择

（1）音乐的配置

艺术体操的不同动作，将由不同的音调、力度、旋律、音速予以表现。

①一般的选择　选择伴奏曲时，根据艺术体操的动作特点，一般选用4/4、3/4或2/4拍；

②幅度小动作　如走步配以不同的力度和音速的进行曲，跑步常用小快板，如柔软跑，幅度小、用力的动作，音乐多用2/4拍，同时配以轻快、跳跃感如快板的音乐；

③幅度大动作　速度稍快，节奏明显的动作，伴奏时两拍可作为

动作的拍，如踏跳步练习，幅度较大，伸展柔和的抒情连贯的动作，可配以 3/4 或 4/4 拍的音乐，突出抒情、圆润、连贯、流畅的特点；

④连贯的动作 速度稍慢而连贯的动作，可 2 拍或 4 拍做一个动作，中速较连贯的动作，多用 4/4 拍，两拍音乐做一个动作，如移重心加上手臂的摆动环绕练习；

⑤慢速的动作 慢速幅度达的动作，多用快板；

⑥力度大动作 腾空、大跳、大抛等动作，多配以力度较大，宽广向上的音乐；

⑦突然的动作 快而突然的动作，音乐注重活泼、快速、力度对比强的音乐；

⑧紧张的动作 紧张强烈的动作，音乐也要最紧张，动作完成放松，音乐也要最弱。激烈的动作要用不连贯的节奏、断奏的音乐。动作节拍完整，音乐也不要用单拍。动作速度发生变化时，音乐要随着速度的快慢而渐快渐慢相应变化，肌肉的紧张程度发生变化时，音乐伴奏的力度也要相应的发生变化，随之渐强渐弱，如华尔兹组合动作音乐 3/4 中速。

总之，动作要与音乐的呼吸相配合一致，以共同表现出动作韵律、节奏，使操有音乐的情绪美，音乐有操的流动感，以充分突出形体优美的表现力。

（2）要有实用性

在教学中根据学生水平选用适宜的音乐伴奏，另外还应考虑教学内容多，教学时数少等实际情况，常常选一些主题短小、鲜明、性格突出、通俗易懂、动听悦耳的流行歌曲、电影电视插曲以及较为普及的中外名曲作为伴奏。借歌曲的内容是学生更容易理解音乐，使学生更快进入音乐的意境，根据音乐的情绪和节奏，利用身体的各部位表现出优美的动作；借歌曲的内容记住动作的内容和顺序，加以掌握动作的速度，选择熟悉的音乐做动作，有助于发展动作的协调性，增加学生的节奏感、表现力、美感，以达到良好的教学效果，如波浪联系等。

（2）要有协调性

选用音乐时，要保持动作的拍节与音乐的拍节一致，这是保证音

乐与动作配合协调、统一的最基本的因素之一。一般情况下，一组动作的节拍为双数的8拍，如2个8拍、4个8拍、6个8拍、8个8拍等，这样才能与一般乐曲的基本结构相吻合，如动作结束在单数的8拍上，就会使人感到不舒服，觉得动作没做完。因此，不要破坏它们的完整性，在喊"立定"或变换下一个动作时，要在下一个乐段终止时变换，不要在乐曲的中间变换。

（3）要有预备拍

每个组合动作前都要有预备拍，预备拍有两个作用：

①准备　告诉学生做好准备，动作即将开始；

②告诉　告诉这个组合动作的节奏和情绪，预备拍可用乐曲的最后一句或主旋律来进行伴奏。

3. 艺术体操的技术特征

在钢琴伴奏下表演

（1）标准要求高

竞技性艺术体操技术性很强，艺术性的要求也很高。

（2）和谐配合好

运动员表演时，在钢琴的伴奏下，完成带器械的走步、跑步、跳步、大跳、转体、平衡动作和柔韧动作，充分表现艺术体操的柔韧性、协调性以及动力、幅度和速度之间和谐配合的关系。

根据器械特性进行配合

（1）高难的动作

运动员还要根据器械的特性及器械与身体动作的配合，完成单抛、双抛、连抛、单接、双接、背接、跳跃接、滚动接等高难动作，表现运动员掌握器械的熟练性以及身体动作与器械配合的和谐感。

（2）评分的原则

竞赛评分取决于成套动作的编排和成套动作的完成情况。

（3）富有表现力

动作编排要求优美、流畅、新颖、连贯和富有想象力与表现力。

动作和音乐的完善编排

（1）动作连贯性

竞赛中，运动员的身体不能处于静止状态，一个动作接一个动作。所以，动作编排常在大跨跳后接地上滚动，形成高低对比，大跨跳后接波浪动作，形成刚柔对比。并把动作的收和开、大和小、急和缓结合起来。

（2）动作要创新

编排中要注意个人技术的难度符合要求，技术要正确、先进、同时动作要创新，有难度，既有时代特点，又有个人风度。编排中，音乐选择要能激发运动员的情绪，有助于运动员进入美的意境，使之轻松自如地完成动作。音乐是体操的灵魂。

（3）动作要准确

有了一套包括动作和音乐在内的完善的编排后，接下来关键在于运动员完成动作必须准确、完美、韵律节奏感强力求操的动态与音乐的旋律，交织融合为一体。

4. 徒手操基本技术动作

徒手操是指手中不拿器械所做体操的总称。

基本步伐

（1）柔软步

立正，两手叉腰、左腿向前伸出，脚面绷直，稍向外，脚尖着地。接着柔软地过度到全脚掌着地，身体重心前移，右腿开始做。

（2）足尖步

立踵，两手叉腰，立踵走步，身体重心尽量高，步伐不宜过大，不能上下起伏。

（3）弹簧步

立踵，两手叉腰。

①第1拍　右脚前伸，脚尖着地，然后柔软地过度到全脚掌，依

次屈膝。同时左腿屈膝；

②第2拍　左脚次伸膝、踝关节，同时右脚前伸，脚面绷直。

（4）滚动步

左腿站立，右腿屈膝，脚尖点地。

①第1拍　左脚慢慢立踵，同时右腿伸直膝关节；

②第2拍　左腿屈膝成脚尖点地，同时右脚慢慢落踵成右脚站立。

（5）跑步

与平时跑步相同，但要求腿自然地向前伸出，脚面绷直向下。落地后过度到全脚掌，有腾空，步幅均匀，重心向上，两臂自然摆动。

（6）卡洛泼步

立正，两手叉腰。

①第1拍　左脚向前1步，稍屈膝，重心稍前移；

②第2拍　左脚蹬地向上跳起，同时右脚与左脚在空中并拢。

（7）变换步

立正，两臂侧举。

①第1拍半拍　左脚向前做柔软步，同时两臂上举，第1拍下半拍，右脚与左脚并立；

②第2拍　左脚向前1步，同时重心前移，右脚尖后点地，脚面伸直稍向外，右臂前举，左臂侧举；

③第3拍4拍　换右脚做。

（8）华尔兹步

采用3/4节拍音乐。

①第1拍　左脚向前1步，落地后稍屈膝，同时左臂波浪；

②第2拍　右脚向前一次足尖步；

③第3拍　左脚向前一次足尖步，换右脚开始做同样动作，三步之间的步幅相等。

（9）波尔卡步

立正，两手叉腰。节拍前左脚跳起，同时右脚前伸。

①第1拍上半拍　左脚向前1步；

②第1拍下半拍　右脚并上成丁字步；

③第2拍上半拍　左脚再向前1步；

④第 2 拍下半拍　右脚跳起，同时左脚前伸。

基本动作

（1）手臂波浪

立正，两臂侧举，由肘关节带动手臂向上提，腕关节放松，接着肘关节下压过度到腕。指关节向侧伸直。

（2）全身波浪

立正，两臂上举，两脚并立屈膝。低头含胸，接着由膝关节开始向上各关节依次向前上方伸。同时两臂从身前渐向后环动至上举。有全身侧波浪，全身反波浪动作。

（3）左右移重心

右脚站立，左脚侧点地，两臂右侧举。动作时，两腿半蹲，由右向左移重心，成左脚站立，右脚点地，两臂右侧举。若向右移重心，动作则相反。

（4）前后移重心

两腿半蹲，由后向前移重心，成左脚站立，右脚后点地，同时两臂经下摆至前举。然后经半蹲向后移重心，成右脚站立，左脚前点地，两臂经下摆至后举。

（5）踹燕

左脚站立，吸右腿，含胸低头，两臂上举。动作时，左腿支撑，从髋开始向后躺身，同时，右腿伸直上举，高于 90 度。脚面绷直，两臂经下向后摆动。

（6）转体

①双脚站立转体　左脚向左侧 1 步，右脚在左脚前交叉站立，同时起踵，以两脚尖为轴，向左转体 180 度或 360 度，两臂由侧举至上举；

②单脚站立转体　举腿动作时，右脚向左侧 1 步，同时起踵，以脚尖为轴，带动身体向左转体 180 度或 360 度，同时右腿后举，转体时两臂侧举，或一臂上举，一臂侧举；

③前举膝转体　左脚向左侧 1 步，同时起踵，以脚尖为轴带动身体，向左转体 180 度或 360 度，同时，右腿前举膝，转体时两臂侧举至上举。

（7）跳跃

大跨跳，两脚站立，两臂侧举。动作时左脚开始，向前做一次卡洛泼。接着左脚上前 1 步，蹬地跳起，同时右脚伸直向前上方跨出，空中左脚尽量向后上方拉开。

两脚在空中的夹角大于 135 度，两臂经下至左臂前举，右臂侧举，侧跨跳，右侧站立，左脚后点地，左臂前上举，右臂后下举。

动作时，向左转身 90 度，左脚开始向侧一次卡洛泼，接着左脚蹬地跳起。同时转体 90 度，右脚伸直向侧上方跨出，空中左脚尽量向左侧伸直，两脚在空中夹角大于 135 度，左臂经下，两臂经体前向侧举。动作时，左脚开始，向前做一次卡洛泼，左脚蹬地跳起，空中左腿屈膝向后踢，右腿屈膝于前下方，上体尽量后屈，两臂经下向上摆起至上举。

交换腿转体 180 度跳，又叫剪交跳，右脚站立，左脚后点地，左臂前上举，右臂后下举。动作时，向左转体 90 度，左脚开始向侧做卡洛泼，接着左脚蹬地跳起；同时转体 90 度，右脚前摆，同时转体 180 度，左脚迅速后摆同右脚交换，成右脚站立，两臂经下向前上方摆起至上举。

5．球操基本技术动作

球操就是持球进行表演的一种艺术体操，有托球、转球、滚球、抛接球等基本动作。球操持球方法是五指自然分开，用手指和指根以上部位持球，掌心空出。

托球方法

分正托和反托。

（1）正托

正托，单手或双手，掌心向上，五指自然分开，用手掌和指根以上部位托球的下部，掌心空出。

（2）反托

反托向内转肩翻腕，使掌心向上托住球的下部。

抽球方法

有单手拍，双手拍，单手依次拍等。

（1）双手原地拍球

双手原地拍球，站立，两手持球于体前。动作时，两手持球向下拍球。手臂稍弯屈，两手掌心向下，五指自然分开，手形与球形吻合，用两手指及指根处拍球的上部，连续拍球时，有手不离球之感。

（2）单手后挡球

单手后挡球，两脚开立，两臂侧举，右手托球。动作时，右手向左拍球的右上部，同时向左移重心，球蹦起后左手接球的下部顺势向左侧摆至侧平举。

转球方法

特点是球在两手中转动，或通过手的拨动使球在指尖上转动或在空中转动。

（1）左右转动球

胸前左右转动球，右手在外，掌心扶球，左手在内手背托球。动作时，右手向右搓球，使球向右转动，同时左手背向左控球，使球向右转动成两手手指尖顶住球侧面，然后右手经手指尖、手背在球的内部向左搓球。同时左手经手指尖、掌心在球的外部向左搓球，反复进行。

（2）正绕"8"字

两腿开立，右手侧举托球，左臂举，掌心向下。动作时，上体稍前屈，同时右臂屈肘从右侧经后腰旁向内水平小绕环 1 周至倒下举反托，接着左臂经前在头上直臂向左、后、右水平大绕 1 周至侧平举托球。同时上体随球的绕动而转动。

（3）反绕"8"字

两腿开立，右手侧举托球，左臂侧举，掌心向下。动作时，右臂由后在头上直臂向左转腕成反托，并经左、前向右水平大绕环 1 周至侧举反托，接着屈肘在身体右侧由后经腰旁向前水平统环 1 周至侧举托球。

滚球方法

可在地上用单手或双手向前、后滚动球，还可以在身体各部位，

包括胸前、背后、臂上、腿上和体侧滚动。

（1）左右臂滚球

站立，右手托球前举，左臂后上举。动作时，右手腕稍屈，使球顺右臂滚至右臂至胸部时，同时左臂前举使胸部的球沿着左臂滚至左手举托球，右臂经下向后摆至后上举。

（2）经背臂滚球

左右经背臂滚球，右手托球前伸转肩，使球顺右臂滚到右肩后背，同时稍低头，使球经肩背、左臂至左手接球成侧举托球。

（3）胸滚球至两手前举托球

站立，两手持球前举。动作时，两膝屈伸一次，同时稍含胸，两臂屈肘，从腹部开始向上拨球使球滚至胸前，稍挺胸抬头，两臂迅速并拢前举，使球顺两臂滚至两手托球。

抛接球方法

（1）抛接基本动作

用手在原地和移动中向前、侧、后抛接，也可一手抛、二手接、或背后接，还有双手抛、双手接或双手交叉接以及单手接，在集体项目中可互相抛接，抛接球常与摆动动作结合进行。

（2）原地单手抛接

站立，右手持球于体侧，动作时，两腿屈伸一次，同时右臂持球后摆，左臂前摆、两腿再屈伸一次，立踵。左臂后摆，右臂伸直经前摆至上举向上抛球，并抬头。球下落时，右臂伸直上举迎球，经右手指端接球（掌心向上），并顺抛后摆，左臂前摆，两腿屈伸一次。

（3）单臂向侧抛接

单臂向侧抛接球：两腿分开，两臂侧举，右手托球。动作时，右臂伸直向左上方抛球，球通过右手指末离开，左臂伸直侧上举迎球，球经左手指端接球并顺势下落缓冲。

6. 圈操基本技术动作

圈操使用的器械通常是内径 0.8 米至 0.9 米的木制或塑料制成的

圈，重量至少为 300 克，圈操动作必须至少包括 3 次跳跃。表演的动作主要有：钻圈、抛接、绕环、滚动等。圈操基本技术有摆绕圈、旋转圈、转动圈、滚动因、跳钻圈等，握圈的方法有单手和双手握、正握和反握。

旋转圈

（1）姿势

立正，右臂前平举，右手指向前伸直。拇指在虎口外夹住圈，掌心向左，左臂侧举。

（2）动作

动作时，右手腕带动头因向左转动，同时右手稍向左摆，使头向顺时针方向旋转，先经右手背，再从掌侧至掌心虎口，在衡状面做垂直旋转圈。体例及头，上水平旋转圈，动作与此相同。

抛接圈

（1）旋转圈抛接

①姿势　立正，右臂前举持因，左臂侧举；

②动作　动作时，右手使因在额状面向顺时针方向旋转，当圈旋转到虎口时，右臂伸直。无名指、小指、中指顺势托圈的内侧向上圈，因从虎口处离开，留下落时右臂伸直前上举，虎口接圈，并顺旋转圈的惯性，继续在前旋转。

（2）水平面上高抛和接

①姿势　右腿站立，左腿在后点地，两手水平持圈于身体左侧；

②动作　动作时，两腿稍屈，然后右腿蹬地，同时两手用力向前上方水平面上抛圈。抛圈的两臂由左侧向前上方伸直，抬头挺胸。圈抛出后，可做各种动作，右手上举，虎口接圈的上端和下端。

（3）翻转圈的高抛和接

①姿势　立正，两臂前举持圈两侧，圈与地面成水平；

②动作　动作时，两腿稍屈，然后两腿蹬地，腿伸直立踵，同时两臂向上，两手腕用力向上翻腕，将圈向上抛出，使圈在空中向后翻转 2 周以上。留下落时，两臂伸直，手心向上。接圈两侧的后端，两臂下落缓冲。

滚圈

（1）经胸臂滚圈

①姿势　两脚开立，右臂侧拳持留，左臂侧举；

②动作　动作时，右手持圈向反时针方向转，利用图旋转的惯性，右手掌伸直，掌心朝上，圈上沿从右手臂开始滚动，经右臂、胸、肩背、左臂至左手接圈。

（2）地上回滚圈

①姿势　立正，右手正握圈于体侧，左臂侧举；

②动作　动作时，右手握圈的后上部，右臂伸直将图向前沿地面直线出，同时右手腕做向上向后用力拉的动作，使圈向前进方向滚动至极点又突然沿直线倒回滚动。

7. 绳操基本技术动作

绳操运动是一种艺术体操，对身体的柔韧性和协调性要求很高，音乐相对舒缓。绳操使用的轻器械是由纤维或相似材料制成的绳子，长度不限，依运动员身高而定，绳操动作必须至少包括三次跳跃，竞赛动作主要有：绳跳、摆动、抛接、跳跃等。

绳的基本技术有得动、绕环和"8"字绕环、跳跃、卷绳等。握绳一般用双手或单手握绳端，有时也握绳中段。

摆动

（1）姿势

双手握绳左右摆动：右脚站立，左脚侧点地，同时两手握绳的两端，在体前侧平举稍打开绳。

（2）动作

动作时，向左移重心，同时两臂以肩为轴，向左摆动，然后向右移重心，两臂以肩为轴向右摆动，绳不能碰地。

绕环

有3种动作。

（1）单手握双绳小绕环

①姿势　立正，右手握双绳绳端，前举，两臂侧举；

②动作　动作时，以右手腕为轴，靠手腕的力量转动绳，使绳在体前向顺时针方向绕环。

（2）体侧绕"8"字

①姿势　立正，右手持双绳绳端前平举；

②动作　动作时，右肘稍屈，以右手腕发力，将绳从右后向前绕环至上举，然后，从左前上经左后下绕至右前上举。

（3）体前后统"8"字

①姿势　立正，右手持双绳绳端侧平举；

②动作　动作时，手握绳向体前下方摆，以右肩为轴，使绳在体前由右向下向左绕环至上举，接着，屈肘以右手腕为轴由右下向左小绕环一同至上举。

跳绳

（1）基本技术

跳跃过绳是绳操的主要特点和重要的基本技术。主要动作在两手摇绳时，两臂侧举，以手腕为轴摇绳，绳的中段不能接触地面，脚尖绷直过绳。

（2）多种姿势

跳绳有许多姿势：有前摇跳，后摇跳，交叉摇跳。双摇和三摇，可单足跳、双足跳、交换腿高抬腿跳，各种跨跳、转体跳、屈腿跳等。

抛接绳

（1）基本动作

抛绳主要从绕绳和摇绳获得动力，利用惯性将绳抛出，接绳有单手接，双手接。向前小绕环向上抛，双手接绳。右手握双绳绳端侧举，向前小绕环。

（2）动作要领

①抛绳　动作时，双腿稍屈膝、蹬直腿，同时右臂上举，右手将绳抛出，使绳子在空中向前翻转1周，然后两臂上举接绳两端；

②前摇跳向上抛绳　双手接绳，两臂侧举，待绳于体后。动作时，向前摇绳跳数次，当两脚跳过绳后，两臂上举，绳从体后向上抛出，使绳在空中向前翻转1周，然后两臂上举接绳两端；

③后摇跳向上抛绳　双手接绳，两臂侧举持绳于体前。动作时，向后摇绳跳数次，当两脚跳过绳后，两臂经前上举，绳经体前向上抛出，绳在空中向后翻转 *1* 周，然后两臂上举接绳两端。

8. 带操基本技术动作

带由棍、尼龙绳或带构成，竞赛由绕环、螺形、抛接、摆动、跳跃、平衡、转体、"*8*"字以及蛇形等动作编排而成。带是彩带和带柄组成。它以手腕为轴的绕环做出的蛇形和螺形动作，是带特有的基本技术。

摆动

（*1*）前后摆动

①姿势　两脚自然站立，右手握带柄下举；

②动作　动作时，左脚向前上步，重心前移至右脚与左脚并立起踵，右手握带柄以肩为轴向前上方挥动，接着右脚后退一步，重心后移至左脚与右脚并立起踵。

（*2*）左右摆动

动作时同前后摆动，方向是左右。有上下摆动，动作同前后摆动，方向是上下。

绕环

（*1*）体侧向前大绕环

①姿势　两脚自然站立，右手握带柄下举；

②动作　动作时，右手握柄，以肩为轴由后经上向前大绕环。

（*2*）体侧向后大绕环

①姿势　体前向左、右在绕环，头上水平统环；

②动作　动作都以向前大绕环相同，只不过是方向不同。

（*3*）体侧反"*8*"字大绕环

①姿势　两脚自然站立，右手握带柄下举；

②动作　动作时，以右肩为轴，直臂在身体右侧由后经上向前大绕环至上举，接着在身体左侧做向前大绕环至上举。

（4）体前"8"字小绕环

①姿势　两脚自然站立，右手下举，左臂后举；

②动作　动作时，两腿屈膝，右臂前下举，以手腕为轴自右向左上，再由左下向右上绕小"8"字。

蛇形

（1）垂直蛇形

①姿势　两脚自然站立，右手握带柄左前举，左臂侧举；

②动作　动作时，右臂以手腕为轴。上下柔和地、有节奏地、均匀地由左至右或相反，上下摇动，使带构成蛇形图案线条与地面垂直。

（2）水平蛇形

运用手腕左右柔和地、有节奏地、均匀地摇带，使蛇形图案线条与地面平行。蛇形可以在体侧、体前、体后和上举做。

螺旋形

（1）垂直

以手腕为轴，有节奏地、均匀地顺时针或逆时针由左至右做小绕环，使带构成螺旋形图案与地面垂直。

（2）水平

以手腕为轴，有节奏地、均匀地顺时针或逆时针做小绕环，使带构成螺旋形图案与地面平行，也可以在体侧做，体前做加上举做多形状。

9．火棒操基本技术动作

火棒是最早使用的一种体操器械。起初主要是男子使用，经过长期的变革发展成为女子竞技性项目之一。火棒长 0.4 米至 0.5 米，重 150 克以上，用木材或塑料制成。

做火棒操时，以大拇指、食指、中指握住棒端小球做绕环动作。以手腕为中心的称小绕环，以肘为中心的称中绕环，以肩为中心的称大绕环。还可以做不同面和方向的各种抛接动作。

火棒操的基本技术有摆动、绕环、抛接。握法有固定握、虎口握、

三指握、单手握双棒等。

绕环

火棒操的绕环包括大、中、小绕环。

（1）体侧向前大绕环

①姿势　两脚自然站立，两手固定握棒小头于体侧下举；

②动作　动作时，以肩为轴，两臂由后经上向前大绕环至下举。

（2）体例向后大绕环

动作与前同，方向不同。

（3）体前向左（右）大统环

①向左　以启为轴，两臂向下，向左经上体前大环 1 周至右侧平举；

②向右　则方向相反。

（4）中绕环

以肘关节为轴，两臂在体前由右向左垂直中统环 1 周至右侧平举，接着由左向右垂直绕环 1 周至左侧平举。

（5）水平小绕环

①姿势　立正，两手固定握棒小头前平举；

②动作　动作时，以手腕为轴，使棒小头在虎口里绕垂直轴在回上由左向右水平小绕环至前平举。接着手腕发力，使棒向内转在臂下水平小绕环至前平举，臂上住下向外水平小绕环方向相反。垂直小绕环；动作时，以食指托棒，手腕带动棒向上、后、下做臂内向后垂直小绕环至前平举，接着做臂外向后垂直小绕环。

抛接

火棒操的抛接有两种方式。

（1）向前单抛单接

向前摆动，食指托棒，拇指和手腕压棒，使棒向前上方抛出经上向后翻转 1 周，两手上举接棒。

（2）单手抛双手接

①姿势　右脚站立，左脚前点地，左臂斜前上举，右手握双棒，有后下举，上体右拧腰；

②动作　动作时，重心前移至两脚起踵立，同时右手握双棒向前

摆，利用手腕的力量，使双棒向前。上方抛出，棒在空中向后翻转 *1* 周，接着两臂前接棒，右脚后退一步，左脚前点地，双臂经下至侧举，抬头挺胸，目视前方。

打击

火棒操的打击包括两棒互相打击和有节奏地打击。

（1）两棒互击

两棒互击，包括前、后、中、侧举击棒。

（2）臂的伸长

击棒时，直臂器械只能是臂的伸长。

10. 艺术体操的竞赛项目

艺术体操仅限女选手参赛，选手在音乐的伴奏下进行表演，艺术体操包括集体和个人项目。

个人项目

（1）竞赛器械

正规的艺术体操个人项目竞赛，只进行绳、圈、球、棒、带 *5* 种器械的竞赛。但根据需要，也可酌情增减竞赛项目。可以增加个人和集体徒手项目的竞赛。

根据国际体操联合会技术委员会选定的每届世界锦标赛及其后一年所使用的 *4* 种器械，按照绳、圈、球、棒、带的顺序轮换，每 *2* 年轮换一次。

（2）个人全能

个人全能竞赛只进行 *4* 种器械，时间为 *1* 分 *15* 秒至 *1* 分 *30* 秒，时间不足或超过，均按规则进行扣分。*24* 名选手参加资格赛，每个协会最多 *2* 人参赛，前 *10* 名进入决赛。*3* 名裁判打分，第一个裁判打技术分，第二个裁判打艺术表现分，第三个裁判打完成分，完成分占到总分的 *50%*。每项满分为 *20* 分，*4* 个项目总分最高为 *80* 分。

（3）个人团体

个人团体赛每队由 *3* 名至 *4* 名运动员组成，每名运动员完成 *1* 套

至 *4* 套动作，每个团体必须由不同的运动员用每项器械完成 *3* 套动作，共计 *12* 套动作。

（4）个人单项

个人单项赛每队 *2* 名运动员参加，以单项的得分评定名次，最高分为 *20* 分。

集体项目

集体项目由 *5* 名运动员集体完成动作，竞赛项目根据规程而定。自 *1987* 年起，正规竞赛规定集体要进行两套动作竞赛。

（1）同种器械的动作

同种器械的动作，该器械为个人项目中没有使用的器械。例如，*1997* 年至 *1998* 年同种器械为 *5* 球，*1999* 年至 *2000* 年同种器械为 *5* 棒。

（2）不同种器械动作

不同种器械的动作，例如，*1997* 年为 *2* 带 *3* 球，*1998* 年至 *1999* 年为 *2* 圈 *3* 带。

（3）项目的竞赛分类

集体项目的竞赛分两轮：每队 *6* 人但只能 *5* 人上场，时间 *2* 分 *15* 秒到 *2* 分 *30* 秒。时间不足或超过，均按规则进行扣分。

①第一轮竞赛　必须使用同一种器械；

②第二轮竞赛　使用两种器械。

（4）项目竞赛的要求

在集体项目竞赛中，每队 *6* 人但只能 *5* 人上场，每队的竞赛必须在 *2* 分 *30* 秒内完成。*12* 支队伍参加资格赛，前 *8* 名进入决赛。

11. 艺术体操的裁判选配

设立裁判组

（1）裁判组的设置

学校大型正规竞赛，需设 *2* 个个人项目裁判组和 *1* 个集体项目裁判组，每组裁判分别由编排裁判及完成裁判组成。裁判员分组在赛前一小时抽签决定，也可在赛前由正、副总裁判长和竞赛负责人事先分好组。

（2）裁判组的组成

①记录员　各裁判组设 1 名记录员，负责登记裁判员的评分；

②录入员　设 1 名电脑录入员，负责将裁判员评分录入电脑；

③计时员　设 1 名计时员，负责记录运动员成套动作时间；

④视线员　设 2 名视线员，负责记录运动员或器械出界，及当器械掉地但没有出界时，是否使用替换器械。

裁判员的人数最低限度的要求为 7 人，最多为 14 人，而完成裁判的人数最少不应少于 3 人，艺术体操的评判是由 3 个裁判小组组成，每组 4 名裁判员。

配备好人员

（1）检查使用的器械

竞赛期间还应安排 2 名器械检查员，负责检查运动员使用的器械是否符合规格。

（2）竞赛及发奖检录

3 名至 4 名检录员，负责竞赛期间训练，竞赛及发奖的检录。

（3）录音带编排播放

2 名放音员，负责每场竞赛运动员竞赛录音带的编排与播放。

（4）宣告裁判员示分

1 名宣告员，宣布上场运动员的姓名、单位和项目，并宣告裁判员的示分，另需 2 名至 3 名跑分员及引导员。

12. 艺术体操竞赛的评分

计分标准

（1）计分种类

在通常的竞赛中，技术评委和艺术评委的最高分是 5 分，执行评委的最高分是 10 分。在小组赛中，得分偏向于艺术得分，技术分 4 分，艺术分 6 分。

（2）扣分种类

大体上来说，选手的得分是3组评委给分的总和，小组赛的最高分为20分。"动作迟疑或不精确"扣0.05分，小的失误扣0.10分，中等错误扣0.20分，主要失误扣0.30分。竞赛中选手偏离竞赛场地或使用器械不受控制，均扣分。选手动作不雅需扣分。

扣分因素

（1）艺术值的扣分因素

①不一致性　不同音乐主题之间缺乏一致性；

②突然中断　动作结束时音乐突然中断；

③噪音伴奏　用不适宜的噪音伴奏；

④缺乏和谐　与动作每个部分的特性缺乏和谐；

⑤编排缺陷　舞蹈编排缺乏一致性；

⑥缺乏平衡　不同技术组之间的使用缺乏平衡；

⑦未触器械　在动作开始时运动员未接触器械；

⑧不多样化　器械的使用缺乏多样化；

⑨使用过多　器械的非典型动作使用过多；

⑩使用不足　器械技术使用不足，器械静止；

⑪身体动作　过多使用非规定的身体动作；

⑫躯干头部　躯干或头部的使用不足；

⑬身体动作　身体动作多样性不足；

⑭左手右手　左手与右手动作之间缺乏平衡；

⑮技巧动作　用不允许的技术完成允许的技巧动作；

⑯重复使用　每次重复使用准许的技巧动作；

⑰空间使用缺乏多样性。

（2）动作完成扣分因素

①器械动作　掉地，并立即捡回反弹的器械；

替换器械　器械掉地，使用替换器械；

不准确　抛物线不准确；

不正确　接法不正确；

未接触　动作结束时未与器械接触；

接触身体　动作过程中，器械无意接触身体而改变抛物线；

短暂停顿　绳的一端脱落，动作有短暂的停顿；

中断动作　绳缠身或身体的一部分，中断动作；

圈滚动　圈滚动不正确；

球滚动　球滚动不正确；

掉地　双棒掉地；

接触　动作结束时未与双棒接触；

中断动作　带缠身或身体的一部分，中断动作的连续性；

不紧凑　环或波浪不紧凑，带末端无意留在地上。

②身体动作

动作　动作不完全；

姿势　姿态不固定与不准确；

未移动　有多余动作，但未移动；

有移动　有多余动作，并有移动；

失去平衡　失去平衡，用单手、双手或器械支撑；

落地过重　跳的高度不足，落地过重；

脚跟支撑　转体过程中，脚跟支撑；

不垂直　转体轴不垂直，结束时移动 1 步；

不准确　面和方向不准确；

不正确　完成技术不正确。

③音乐动作　动作结束时，音乐与动作不一致。

（3）集体艺术扣分因素

①配合动作　运动员之间缺乏配合动作；

②接触动作　不允许的身体接触动作；

③时间过长　一个队形停留时间过长；

④多样化　图形缺乏多样化；

⑤利用场地　没有充分利用场地；

⑥动作选择　器械动作和身体动作的选择；

⑦装饰　器械作为装饰；

⑧特性　编排缺乏体操特性；

⑨静止　器械或运动员静止；

⑩技巧　技巧动作或近似技巧动作；

⑪附加　每个附加允许的技巧动作；

⑫允许　用不允许的技术完成允许的技巧动作；

⑬重复　每重复一次允许的技巧动作。

（4）集体动作完成评分

①表现力度　在速度、幅度或表现力度上缺乏一致；

②缺乏一致　大部分动作缺乏一致；

③队形改变　队形有所改变；

④图形不准　移动的方向和图形不准确；

⑤队员相撞　两个或多个运动员相撞；

⑥节奏不一　个人节奏与集体节奏缺乏一致性；

⑦动作不一　动作结束时，音乐与动作不一致。

难度要求

（1）难度计分

所有自选动作必须包括 8 个难度动作，其中两个高难度动作，6 个中难度动作。高难度动作的分值为 1.0 分，中难度动作的分值为 0.5 分，难度的总分值为 5.0 分。

每套动作的技术价值由 10 个最高价值的难度来决定的。在运动员所完成的 10 个最高价值难度中，至少有 5 个难度动作是属于各项器械所要求的规定身体动作，并且要与器械特有的技术动作紧密结合。

如果一个联合动作属于规定的身体动作时，该联合动作中至少有 50% 的动作应该由规定身体动作的难度构成。

（2）跳步难度

所有跳步难度动作必须具备以下基本特点：

①高度　跳步要有一定的高度；

②准确　空中姿势固定并且准确；

③幅度　动作姿势幅度大；

④适当　跳步缺乏适当的高度；

⑤足够　姿势不固定、不准确或缺少足够的幅度，则不算难度，此外还要扣完成分。

（3）平衡难度

所有平衡难度动作必须具有以下基本特点：

①完成 立踵或者单膝完成；

②停顿 有明显的停顿；

③固定 姿势固定并且准确；

④幅度 动作姿势的幅度大。

平衡姿势一旦形成就要与器械动作结合，根据难度水平，至少做 1 个、2 个或 3 个器械动作。任何用全脚或无明显停顿所完成的难度动作均不算平衡难度，缺少上述要求中的任何一个，也要扣完成分。

（4）转体难度

所有转体难度动作必须具有以下基本特点：

①完成 立踵完成；

②固定 从转体开始直至结束，身体姿势固定并且准确；

③幅度 动作姿势的幅度大。

整个或部分转体过程中，任何用全脚完成的转体或姿势不准确均不处作转体难度。缺少上述要求中的任何一个，也要扣完成分。

（5）柔韧难度

所有柔韧或波浪难度动作必须具有以下基本特点：

①完成 用单脚、双脚或身体其他部位支撑来完成动作；

②固定 姿势固定并且准确；

③幅度 动作姿势的幅度大；

④足够 难度动作完成时没有足够的幅度或者姿势不固定，则不算难度。

缺少上述要求中的任何一个，也要扣完成分。

13. 注意事项

竞赛准备要求

（1）规定时间

参赛运动员必须在规定的时间，进入竞赛场地，早入和迟到均扣分。

（2）准备活动

运动员不允许在竞赛场内做准备活动，否则扣分。

技术动作要求

（1）动作不允许重复

竞赛中，无论是自选动作还是规定动作都不得重做，若器械坏了，没有仲裁委员会承认，就不能重做。

（2）技巧动作不能用

竞技体操中典型的技巧动作不能运用，如单臂或双臂倒立，各种形式的手翻、空翻等。

（3）舞蹈动作要回避

也不允许用民间舞蹈、现代舞或古典芭蕾舞的动作或典型形式。

器械使用要求

（1）器械要符合规格

竞赛使用的所有器械的长度、重量、直径、质地等都要符合规格，赛前赛后，所用的器械均交专门委员会检查，不合规则均扣分，团体赛时，一个队使用的器械必须一致。

（2）器械运动员关系

在竞赛中，运动员和器械之间的关系必须始终能看得见，左手开始的动作，由左手结束，才认为是左手动作。运动员在规定场地内进行竞赛，身体任何部位不能超越边线，手持的器械也不能触及场外地板。

着体操服要求

（1）严明纪律

运动员必须穿体操服参加竞赛。

（2）服饰规定

①合身　体操服要求合身，不透明；

②开口　领口不能太大，腿部的开口不得高于胯关节；

③窄肩　不允许穿窄肩带的舞蹈服；

④装饰　体操服上不允许有任何装饰；

⑤赤足　运动员可以穿体操鞋或者赤足；

⑥统一　集体队的体操服必须统一。

动作音乐要求

（1）音乐伴奏

个人赛和集体赛都必须在音乐伴奏下进行。

（2）乐器使用

音乐可以使用一种或几种乐器，所有符合艺术体操动作特点的乐器均可使用。

（3）节奏协调

运动员动作和音乐必须是一个整体，动作的节奏变化、动力、活力及强度必须和音乐非常协调。

（4）避免噪音

背景音乐、噪音伴奏将被扣分。

第二章

健美体操运动的竞赛与裁判

1. 健美体操的概述

基本状况

（1）概念

健美操是在音乐的伴奏下，以身体练习为基本手段，以有氧运动为基础，达到增进健康、塑造形体和娱乐目的的一项体育项目。

它通常采用徒手或轻器械进行练习，是在氧供应充足的情况下，中低强度的全身性运动，主要锻炼练习者的心肺功能，发展良好的身体姿态。它既是健身美体、陶冶情操的大众健身方式，又是竞技运动的一个项目。

（2）特点

健美操的内容丰富、形式多样，不受年龄、性别、气候、场地的限制，充分展现各种优美的人体造型，体现青春活力。当你开启健美操之门时，你会发现，这里的世界美妙无比，在这里既可以满足你的一切审美心理，又可以帮助你消除忧虑和烦恼。既培养你的表演创作才能，又迫使你循规蹈矩、吃苦耐劳。使你在其中身心愉快、精力旺盛、越变越酷。

（3）优势

健美操可分为健身健美操和竞技健美操两大类。健身健美操的目的在于健身，其强度和难度相对较低。而竞技健美操是以竞技为目的，有特定的竞赛规则和评分要求，对人体的心肺功能、身体素质、技术、技能和艺术表现能力有较高要求。

经常进行健美操锻炼，不仅能健身美体、提高协调性、节奏感、韵律感和表现力，而且还能激发情绪、愉悦身心。更重要的是它给人们带来热情奔放的情感体验，符合现代人追求健美、自娱自乐的需要，因此，深受人们的喜爱。

（4）项目

健美操竞赛项目包括男子单人、女子单人、混合2人、3人（男3人；女3人；混合3人）、混合6人（男3人、女3人）啦啦操等。

（5）种类

竞赛按性质分锦标赛和冠军赛两类。国内外流行的健美操大致分

为6类：

①年龄　按不同年龄编制的系列健美操；

②性别　按不同性别编制的男女健美操；

③人数　按人数多少编制的单人、双人和集体健美操；

④体态　按塑造形体和改善体姿与体态的健美操；

⑤部位　按锻炼身体各个部位的健美操；

⑥徒手　按以徒手或持轻器械运动方式的健美操。

（6）功能

健美操是融体操、音乐、舞蹈于一体的追求人体健与美的运动项目。因此，健美操具有体育、舞蹈、音乐、美育等多种社会文化功能。通过健美操的锻炼达到改善体质、增进健康、塑造体型、控制体重、愉悦精神、陶冶情操等健身目的。

（7）别名

社会给健美操的桂冠很多，有健美操、健美舞、健身操、健身舞、健康舞、有氧操、有氧舞蹈、有氧运动等。

历史发展

（1）古代人兴起

健美操的起源应追溯至2000多年前，古希腊人对人体美的崇尚举世闻名。他们认为，在世界万物之中，只有人体的健美才是最匀称、最和谐、最庄重、最有生气和最完美的。古希腊人喜爱采用跑跳、投掷、柔软体操和健美舞蹈等各种体育项目进行人体美的锻炼。他们提出了"体操锻炼身体，音乐陶冶精神"的主张。

古印度很早就流行一种瑜伽术，它把姿势、呼吸和意念紧密结合起来，运用意识对肌体进行自我调节，健美身心，达到延年益寿。瑜伽健身术动作包括站立、跪、坐、卧、弓步等各种基本姿势。这些姿势与当前流行的健美操所常用的基本姿势是一致的。古代人对健身健美的追求，以及提倡体操与音乐相结合的主张是现代健美操形成与发展的基础。

（2）现代人发展

19世纪末20世纪初，欧洲出现了许多体操流派，他们在理论和实践上的创新对健美操的发展起到了推波助澜的作用。

①萌芽时期　20世纪60年代初，则是健美操的萌芽时期。它最早是由美国太空总署的医生库帕博士为太空人设计的体能训练内容。

②流行时期　随后人们将其与美国爵士舞和现代舞相结合，形成一种操舞结合的运动形式。20世纪70年代末期，美国著名影星简·方达根据自己从事健身操锻炼的成功体验，撰写了《简·方达健身术》一书，积极倡导健美操运动。在她的感召和影响下，健身俱乐部、健美操中心如雨后春笋般蓬勃发展，健美操运动以它强大的生命力迅速在全世界流行起来。

③纳入竞赛　1983年美国举行了首届健美操竞赛，1984年首届远东区健美操大赛在日本举行。由于两次大赛的成功，1984年起健美操运动在世界各地全面兴起。每年国际上举办的活动有：健美操世界锦标赛、世界杯赛、世界冠军赛、世界巡回赛，国际健美操委员会已于2004年将健美操项目带入奥运会。

④传入中国　20世纪70年代末80年代初，健美操运动传入我国，并得到了迅速的发展。目前，健美操已成为我国各级各类学校体育课或课外活动中一项深受学生欢迎的教学内容和锻炼方法。

在长期实践过程中，健美操已经从一项单纯的健身运动逐渐发展成为一项独立的运动项目，在运动形式、动作技术特征以及竞赛组织方法等方面有其自身特点。

随着人民生活水平的不断提高，健美操所特有的保健、医疗、健身、健美、娱乐的实用价值受到越来越多的人们的重视。吸引了不同年龄的爱好者参与，形成了一定规模的消费群体。各级电视台纷纷制作以健美操竞赛、普及为内容的专题节目，其收视频率远远超过其他节目。

1987年，北京举办了首届全国健美操邀请赛，随后1988年、1989年、1990年、1991年先后在北京、贵阳、昆明、北京举办了四届邀请赛。1992年起改名为全国锦标赛，成为每年举办的传统赛事。1992年、1995年在北京举办了两届全国健美操冠军赛。1998年，举办了全国锦标赛暨全国健美操运动会。

类别区分

健美操可分竞技健美操、健身健美操和表演健美操等。竞技健美操根据竞技健美操规则的要求进行编制、训练、竞赛。健身健美操是

普及性的，没有统一要求。

（1）竞技健美操

①严格规定　竞技性健美操的主要目的是竞赛，其竞赛项目有男单、女单、混双、3人和6人。竞技性健美操在参赛人数、竞赛场地、成套动作的时间等方面都必须严格按照规则进行，规则对成套的编排、动作的完成、难度动作的数量等也都有严格的规定。

②三种竞赛　竞技健美操目前大致分三种竞赛：全国健美操竞赛、全国职工健美操竞赛和全国大学生健美操竞赛。

③统一标准　竞技健美操在练习场地的大小、练习人数的多少、特定动作、动作节奏快慢等方面有严格统一的标准，必须按规则进行，不得擅自更改。

④设计多样　由于竞赛的主要目的就是要取胜，因此在动作的设计上更加多样化，并严格避免重复动作和对称动作。近年来，运动员为争取好成绩，均在竞赛的成套中加入了大量的难度动作，如各种大跳成俯撑、空中转体成俯撑等，这样对运动员的体能、技术水平和表现力均提出了更高的要求。

（2）健身健美操

①目的　健身健美操的目的在于增进健康，可为社会不同年龄层次的人所采用。由于健身性健美操的唯一练习目的就是健身，因此它的动作简单，实用性强，音乐速度也较慢，且为了保证一定的运动负荷和锻炼的全面性，动作多有重复，常以对称的形式出现；

②动作　健身操动作简单、活泼、流畅，讲究针对性和实效性，节奏适中，每10秒在20拍至24拍左右。健身操动作讲究健美大方，强调力度和弹性，连续的走、跑、跳动作，消耗练习者过剩的能量，增强肌肉力量，提高协调性和灵敏性，形成良好的身体姿态；

③安全　健身性健美操一般的练习时间为一个小时左右。在练习的要求上根据个体情况而变化，严格遵循健康、安全的原则，防止运动损伤的出现，在保证安全的基础上，达到锻炼身体的目的；

④编排　目前我国健身健美操运动开展非常广泛，各种成套健美操动作的练习时间、场地、人数、内容、动作名称、节奏快慢等没有统一的标准，可以根据练习者的需要进行编排；

⑤活力　健身操把健美操的操作动作、现代舞蹈、节奏音乐巧妙地融于一炉，音乐素材取材于迪斯科、爵士、摇滚等现代音乐，加之讲究力度、速度，变化快、节奏感强的肢体动作，呈现出鲜明的律动感，充满着青春活力；

⑥音乐　健身操在富有激情的流行音乐、时尚欢快的肢体语言以及自娱自乐的心情宣泄等方面，都迎合了当代青少年的精神需求，具有鲜明的时代感，其本身所焕发出来的活力和感染力，吸引着广大青少年学生加入锻炼的行列。

（3）表演健美操

表演健美操主要是以在表演中展示自己的价值和魅力，在观赏中陶冶情操、净化心灵、促进健美操活动的广泛开展，满足人们展开和表现自我的需要为目的。在特定的活动、场合或节日庆典中进行表演，集观赏、娱乐为一体的体育节目。

①时间　表演性健美操的主要练习目的是表演，它是事先编排好的、专为表演而设计的成套健美操，时间一般为2分钟至5分钟；

②复杂　表演性健美操的动作较健身性健美操动作复杂，音乐速度可快可慢，并为了保证一定的表演效果，动作较少重复，也不一定是对称性的；

③形式　在参与的人数上可以是单人，也可以是多人，并可在成套中加入队形变化和集体配合的动作，表演者可以利用轻器械，如花环、旗子等，还可采用一些风格化的舞蹈动作，如爵士舞等，以达到烘托气氛，感染观众，增加表演效果的目的；

④配合　因为表演性健美操的动作比健身性健美操的动作复杂多变，所以对参与者的身体素质要求较高，不仅要具备较好的协调性，还要有一定的表演意识和集体配合的意识；

⑤限制　一般而言，健身健美操用于表演极其普遍，竞技健美操用于表演时可不受规则的限制。

2. 健美体操的设施环境

进行健美体操需要一定的设施和环境，良好的设施环境能够让健美操做起来更加舒心愉快，从而提高成绩，达到预期训练效果。

场地设施

（1）场地标准

呈正方形。四周用宽 0.05 米的白色标志带圈定，带宽包括在场地面积之内。场内为地板或铺地毯、男子 3 人、女子 3 人、混合 6 人场地边长为 12 米；男子单人、女子单人、混合双人场地边长为 9 米。竞赛场馆高度至少 8 米，地面为木质地板，要有足够的灯光照明。

（2）安全区域

场地周围至少有 1 米宽的安全区。裁判员坐席靠近赛区一边，排成一排，裁判员之间距离 1 米宽。

器械装备

（1）轻器械概念

运动员个人能手持移动的器械称作轻器械。

（2）体现安全性

轻器械的运用要体现安全性与美观性，不允许使用刀、枪、剑等较锋利的、具有伤害性的器械。

服饰装饰

健美操是一项美的运动，所以练习健美操时，尽量保持一个好的心情和良好的精神面貌，这样才能为这项艺术性极强的运动增色添彩，使练习者增强表现力和自信心。

（1）服饰的原则

①服饰功能　条件好的人可以多准备几套。冬天锻炼不宜穿戴太多太厚，可以穿紧身长内衣。在任何季节，都不要穿不吸水的汗衫。一些人喜欢穿不透气的减肥裤，那是错误的。因为流汗所失去的水分并不能使体重长期地减少，却使身体最有效的降温手段失效了；

②便于活动　在衣着装束方面，如果有条件应该选用专门的健美操服饰，如果没有专用服装，则要选择质地柔软、弹性好、透气性强的服装，这类衣服穿着舒适，便于活动；

③美观整洁　除此之外所穿衣服必须是整洁干净的，这将体现出一个人的精神面貌。另外，选择衣着尽量做到美观、大方、合体，这样会让人充满自信、精力充沛，更便于在健美操表演中展现与众不同的魅力和风度；

④竞赛服饰　竞赛时要求女运动员身着一件套泳装式健美操服，前后可有开口，但上下端要在同一处合拢，服装遮体恰当、紧身，必须着裤袜。男运动员身着一件套的连衣裤或背心、短裤，内穿紧身的三角裤。

（2）装饰的选择

对于发式的选择，应该以简洁大方为原则，长发最好束于脑后，不让其遮挡视线还可给人以美感。在锻炼时，身上不要戴各种装饰物如手链、耳环等，以免给练习带来不便。运动员化淡妆，女运动员须剃腋毛，运动员都必须佩戴号码牌。

（3）鞋袜的选择

鞋袜的选择也是十分关键的，鞋子要选择大小合适、柔软性、弹性、透气性都很优良的运动鞋，不能穿厚底鞋和高跟鞋。鞋子松紧程度以感觉舒适为最佳，太紧会影响下肢的血液循环。袜子应以纯棉质地最佳，平常穿着较多的尼龙袜不适合健美操锻炼时穿用。

（4）协调或一致

混合双人、三人、混合六人项目，运动员服装应协调或一致。

个人卫生

（1）练习时

健美操练习时，应将身体进行清洁，这一方面是为了美观，更主要的是为了保持皮肤的清洁；因为健美操是一项消耗热量的运动，所以身体出汗是在所难免的，只有皮肤清洁，才有助于汗液的顺利排出。

（2）练习后

锻炼之后，如果有条件可洗热水澡，这样可以令身体倍感爽洁，还有助于消除疲劳，但时间不宜过长。

环境卫生

（1）室外

除个人卫生外，环境卫生也是不应被忽视的。自然而优美的环境是进行健美操锻炼最理想的场所，如果选择室外的自然环境作为健美操的练习场地，最好选在绿色植物较多、没有污染、空气清新的地方。

（2）室内

如果是进行室内锻炼，一定要保持良好的通风状态，并保持一定的温度和湿度，地面要干净、平整、软硬适宜，室内整体光线充足。

背景音乐

（1）迪斯科

①源于美国　迪斯科音乐由爵士乐不断演变而成，多带着唱，快节奏，重音不断地重复，主要表现得往往不是歌曲的内容，流行于20世纪60年代的欧美，源于美国。

②主要特点　迪斯科音乐的主要特点是它的旋律继承了爵士乐的切分节奏，更强调打击乐，多采用单拍子，重复不间断的出现，表现出旺盛的精神力量。

（2）摇滚乐

摇滚乐又称滚石乐，是从爵士乐中派生出来的音乐。它有快有慢，往往反复出现一种节奏型，带有摇摆的感觉。它继承了爵士乐演奏的即兴性、打击乐的多样化及其在乐队中的重要位置。

（3）轻音乐

轻音乐包括很多种类，上面提到的各类音乐都属轻音乐范畴。轻音乐至今没有一个固定的定义，通常指那些轻松愉快、生动活泼而又浅显易懂的音乐。它一般不表现重大的主题思想和复杂的戏剧性内容。

轻音乐大致分五类：

①舞曲　轻松活泼的舞曲；

②配乐　电影音乐和戏剧配乐；

③歌曲　通俗歌曲及流行歌曲；

④曲调　日常生活中的舞蹈音乐和民间曲调；

⑤轻歌剧。

3. 健美操的技术特征

高度的艺术性

（1）具有健、力、美特征

健美操是融体操、舞蹈、音乐于一体的追求人体健与美的运动项目，因此，健美操属于健美体育的范畴，具有高度的艺术性。健美操的艺术性主要体现在其健、力、美的项目特征上。

健康、力量、美丽是人类有史以来所追求的身体状况的最高境地，而健美操运动中，无论是健身健美操、还是竞技健美操，无不处处表

现出健、力、美的特征，包含着高度的艺术性因素，使健美操不同于其他运动项目，这也正是人们热爱健美操运动的原因之一。

（2）协调、流畅、有弹性

健美操运动协调、流畅、有弹性，使练习者不仅锻炼了身体、增强了体质，而且从中得到了美的享受，提高了艺术修养。而健美操运动员在竞赛中所表现出的健美的体魄、高超的技术、流畅的编排和充沛的体力等，也无不给观众留下深刻的印象，充分体现出健美操运动的高度的艺术性。

强烈的节奏性

健美操动作具有强烈的节奏性特点，并通过音乐充分地表现出来，因此音乐是健美操运动不可缺少的组成部分。

（1）节奏强劲有力

健美操音乐的特点是节奏强劲有力、旋律优美，具有烘托气氛、激发人们情绪的效应。

（2）有强烈时代感

健美操运动之所以深受人们喜爱，除练习本身的功效性、动作的时代感外，很重要的因素之一是现代音乐给健美操带来的活力。健美操运动与音乐的强烈的节奏性使健美操练习更具有感染力，健美操竞赛和表演更具有观赏性。

广泛的适应性

（1）条件要求不高

健美操练习形式多样，运动量可大可小、容易控制，对场地器材的要求也不高

（2）适宜各类人群

健美操对各个年龄层次、不同性别、不同身体素质、不同技术水平的人都适宜，各种人群都能从健美操练习中找到适合自己的方式，从中得到乐趣。例如中老年人可选择低强度的有氧练习，达到锻炼身体娱乐身心、保持健康的目的。

而对具有较好身体素质、有意进一步提高的年轻人来说，可选择难度较高、运动量较大的竞技健美操做为练习的手段，通过竞技健美操练习，不仅锻炼了身体，而且可提高技术水平，满足其进取心要求。

因此，健美操运动具有广泛适应性的特点。

4. 健美体操的基本技术

落地技术

（1）落地技术目的

健美操的落地技术主要指的是落地缓冲技术。落地缓冲的主要目的是使身体尽可能地保持稳定，同时减少地面对关节、肌肉的冲击力，以避免造成运动损伤。

（2）落地技术要领

健美操的落地技术为：落地时，由脚跟过度到全脚掌或由前脚掌过度到全脚掌，然后迅速屈膝、屈髋缓冲。

弹动技术

（1）弹动技术作用

健美操的弹动主要依靠踝关节、膝关节、髋关节的屈伸来完成的，它的主要作用是减少运动对关节的冲击力，从而减少运动对人体造成的损伤。

（2）弹动技术要领

值得注意的是在屈伸的过程之中，腿部的肌肉要协调用力才能有效的防止损伤与产生流畅的弹动动作。

半蹲技术

（1）半蹲技术要领

半蹲时，身体重心下降，臀部向后下45度方向用力。膝关节不应超过脚尖，腰腹、臀部和大腿肌肉收缩，上体保持正直，重心在两腿之间，起落要有控制。

（2）要避免的动作

分腿半蹲时，脚尖自然外开，应特别注意膝关节弯曲的方向要与脚尖的方向一致，避免脚尖或膝关节内扣或过度外开，避免膝关节角度小于90度。

控制技术

（1）控制技术要领

在整个非特殊条件下的运动过程中，身体应该保持自然挺拔，头

部稍稍昂起的姿态。颈椎、胸椎、腰椎处于正常生理曲线的位置，并始终保持腰腹和背部肌肉收缩，避免因腰腹部位的摆动和无控制而可能引起的腰部损伤。四肢的位置避免过伸。

（2）要达到的要求

健美操练习过程中的身体姿态取决于肌肉用力的感觉和程度，总的动作感觉应是有控制但不僵硬、松弛而不松懈。

5. 健美体操的基本动作

健美操基本动作是指动作中最主要、最稳定的部分，所有动作都以此为核心加以扩展。基本动作是掌握其它动作的基础。健美操基本动作包括基本姿态动作、基本难度动作、基础动作三大部分。竞技健美操基本动作是在健身健美操基本动作的基础上，将跑跳动作与手臂、身段、腿部等动作的变化配合起来。它包括身体各部位的配合练习、跑跳组合等。

基本手型

健美操手型主要有掌和拳两种。健美操中的具体手型有多种，是从芭蕾舞、现代舞、迪斯科、武术中吸收和发展的。手型是手臂动作的延伸和表现，运用得好，会使健美操动作更加丰富多彩，生动活泼，更具有感染力。

（1）掌

包括分掌、合掌。分掌是五指用力分开，手腕保持一定的紧张程度；合掌是五指并拢伸直。

（2）拳

五指弯曲紧握，大拇指压在食指弯曲部位。

（3）并拢式

五指伸直，相互并拢。大拇指微屈，指关节贴于食指旁。

（4）分开式

五指用力伸直，充分张开。

（5）芭蕾手式

五指微屈，后三指并拢、稍内收，拇指内扣。

（6）拳式

握拳，拇指在外，指关节弯曲，紧贴于食指和中指。

（7）立掌式

五指伸直，手掌用力上翘。

（8）西班牙舞手式

五指用力，小指、无名指、中指自掌指关节处依次屈，拇指稍内扣。

头颈动作

（1）屈

指头颈关节角度的弯曲，包括向前、后、左、右的屈。

（2）转

指头颈部绕身体垂直轴的转动。包括向左、右的转。

（3）绕和绕环

指头以颈为轴心的弧形和圆形运动。包括左、右绕和左、右绕环。

做各种形式头颈动作时，上体保持正直，速度要慢，头颈移动的方向要准确，颈部被动肌群充分伸展。

肩部动作

（1）提肩

指肩胛骨做向上的运动。包括单肩、双肩的同时提和依次提。提肩时尽力向上，沉肩时尽力向下，动作幅度大而有力。

（2）沉肩

指肩胛骨做向下的运动。包括单肩、双肩的同时沉和依次沉。

（3）绕肩

指以肩关节为轴做小于360度的弧形运动，包括单肩向前、后绕，双肩同时或依次向前、后绕。绕肩时上体不能摆动，两臂放松，头颈不能前探；动作连贯，速度均匀，幅度大。

（4）肩绕环

指以肩关节为轴做360度及360度以上的圆形运动。包括单肩向前、后绕环，双肩同时或依次向前、后绕环。

（5）振肩

指固定上体，肩急速向前或向后的摆动。包括双肩同时前、后振和依次前、后振，振肩动作要有速度、力度和弹性。

上肢动作

（1）举

指以肩为轴，臂的活动范围不超过180度而停止在某一部位的动作。包括单臂和双臂的前、后、侧，以及不同中间方向的举，如前上举、侧上举等。

（2）屈

指肘关节产生了一定的弯曲角度。包括头上屈、头后屈、肩侧屈、肩上侧屈、肩下侧屈、肩上前屈、胸前屈、胸前平屈、腰间屈、背后屈。

（3）绕

指双臂或单臂向内、外、前、后做180度以上至360度以下的弧形运动。

（4）绕环

指以肩关节为轴，双臂或单臂做向前、向后、向内的绕环。

（5）摆

指以肩关节带动手臂来完成臂的摆动动作。包括单臂和双臂同时或依次向前、后、左、右的摆动。

（6）振

指以肩为轴，手臂用力摆至最大幅度，包括上举后振、下举后振、侧举后振。

（7）旋

指以肩或肘为轴做臂的旋内或旋外动作。

（8）要求

做臂的举、屈伸时，肩下沉。做臂的摆动时，起与落要保持弧形。上体保持正直，位置准确，幅度要大，力达身体最远端。

胸部动作

（1）含胸

指两肩内合，缩小胸腔。

（2）展胸

指两肩外展，扩大胸腔。

（3）移胸

指髋部固定。做胸左、右的水平移动。

（4）要求

练习时，收腹、立腰。含、展、移胸要达到最大极限。

腰部动作

（1）屈

指下肢固定，上体沿矢状轴和水平轴的运动。包括前、后、左、右的屈。

（2）转

指下肢固定，上体沿垂直轴的扭转。包括左、右转。

（3）绕和绕环

指下肢固定，上体沿垂直轴做弧形和圆形运动。包括左、右绕和绕环。

（4）要求

练习时，身体远端尽力向外延伸，绕环幅度要大，充分而连贯，速度放慢。腰前屈、转时，上体立直。

髋部动作

（1）顶髋

指髋关节做急速的水平移动。包括前、后、左、右顶髋。

（2）提髋

指髋关节做急速向一侧上提的动作。包括左、右提髋。

（3）摆髋

指髋关节做钟摆式的连续移动动作。包括左、右侧摆和前、后摆。

（4）绕髋和髋绕环

指髋关节做弧形、圆形移动。包括向左、右的绕和绕环。

（5）要求

髋关节做顶、提、绕和绕环时应平稳、柔和、协调，稍带弹性，上体要放松。

下肢动作

（1）滚动步

两脚同时交替做由前脚尖至全掌依次落地动作。

（2）交叉步

一脚向另一脚前或后交叉行进。

（3）跑跳步

两脚交替进行，跑后支撑阶段有一次跳的过程。

（4）并腿跳

双腿并拢，直膝或屈膝跳。

（5）侧摆腿跳

单腿跳起，同时另一腿向侧摆动

（6）要求

跳跃要轻松自如，有弹性，注意呼吸配合。

基本站立

（1）直立

指头颈、躯干和脚的纵轴保持在一条直线上。站立时，头正直，上体保持挺直、沉肩、挺胸、收腹、收臀、立腰、立背、直膝。

（2）开立

指两脚左右分开与肩同宽或宽于肩。

（3）点地立

指一腿直立，重心在站立脚上，另一腿向各个方向伸直，脚尖点地。包括前点立、侧点立、后点立。

（4）提踵立

指两脚跟提起，用前脚掌站立。提踵立时，两腿内侧肌群用力收紧，起踵越高越好。

（5）弓步

指一腿向某方向迈出一步，膝关节弯曲成 90 度左右，膝部与脚尖垂直，另一腿伸直。包括左、右腿的前、侧、后弓步。弓步时，前弓步和侧弓步的重心在两腿之间，后弓步的重心在后腿。

（6）跪立

指大腿与小腿成直角的跪姿。包括双腿跪立、单腿跪立。

基本步伐

（1）踏步

①动作描述　传统的低强度步伐。两脚交替，不间断地做屈膝上提，然后踏地的动作。包括脚尖不离地的踏步、脚离地的踏步、高抬

腿的大幅度踏步。要求落地缓冲，落地时，由脚尖过度到脚跟着地，两脚尖平行，方向朝前。屈膝时，胯微收，两臂自然前后摆动；

②技术要点　上体保持正直，收腹立腰，抬腿时腿屈于体前，落地时，踝、膝、髋关节依次有弹性地进行缓冲；

③易犯错误　上体控制不够，如出现身体前后晃、左右摆等。下肢动作弹性不够；

④纠正方法　收腹立腰，并腿屈膝弹动。先慢放踏步动作，体会屈膝弹动技术，再以正常速度练习踏步动作。练习踏步的不同形式如：一字步、侧并步、V 字步、踏点步等，充分感受步伐的弹性；

⑤动作变化　走步：不同方向踏步移动身体。一字步：一脚向前一步，另一脚并于前腿，然后再依次还原。漫步：左脚向前踏一步，屈膝，右脚稍抬起然后落回原处，接着左脚再向后踏一步，右脚同样稍抬起然后落回原处。侧并步：一脚侧迈一步，另一脚随之并拢，同时屈膝点地；再向反方向迈步。侧交叉步：一脚向侧迈出，另一腿在其后交叉，稍屈膝，随之前面脚再向侧一步，另一脚并拢，两腿运动均朝同一方向。点地：一腿稍屈膝站立，另一腿伸出脚尖或脚跟触地，然后还原成并腿直立姿势。V 字步：一脚向侧前迈一步，紧接着另一脚向相反方向侧前迈一步，屈膝，然后依次退回原位。

（2）吸腿跳

①动作描述　一腿跳起落地，另一腿屈膝向上抬起，小腿垂直于地面，脚尖绷直；大腿高度不低于腰部。大腿高度的不同，动作的强度也不同；

②技术要点　上体保持正直，摆动腿屈膝抬起，大腿与躯干的夹角应小于 90 度，摆动腿尽可能靠近胸部。小腿自然垂直于地面，脚面绷直，支撑腿伸直；

③易犯错误　大腿与躯干的夹角大于 90 度。摆动腿小腿未垂直地面以及勾脚尖；

④纠正方法　做吸腿动作时，摆动腿屈膝高抬靠胸部。上步吸腿，支撑腿伸直，摆动腿小腿自然下垂，控制好重心。手扶把或杆扶墙收腹立腰，练习上步吸腿动作；

⑤动作变化　吸腿：一腿站立，另一腿屈膝向上抬起。后屈腿：

一腿站立，另一腿后屈，然后还原。

（3）踢腿跳

①动作描述　单腿跳起，同时另一腿直腿向前、侧方向踢出，支撑腿可轻微弯曲。包括小幅度和大幅度的踢腿。踢腿时，必须加速用力，上体保持正直、立腰；

②技术要点　直腿高踢，绷脚尖，脚尖应高于肩部，两腿夹角大于145度。支撑腿伸直，膝关节在整个动作过程中充分伸展，上体保持正直。基础练习时，踢腿高度不需要很高，但要有控制；

③易犯错误　身体姿态变形，如含胸、收腹等。腿踢高度不够，未超过肩部。支撑腿膝关节弯曲，重心下降，摆动腿膝盖弯曲，姿态难看，勾脚尖；

④纠正方法　做一些柔韧练习，例如体前屈、正、侧压腿等练习。练习原地并腿跳，体会腰腹、腿部的肌肉控制感觉。把杆或扶墙练习擦地、踢腿动作，体会直腿绷脚尖；

⑤动作变化　踢腿：一腿站立，另一腿直膝加速上踢。摆腿跳：摆动腿与支撑腿之间的夹角保持在30度至40度之间。

（4）后踢腿跳

①动作描述　相对于踏步是高强度动作。两脚交替有短暂腾空过程，类似跑步，小腿向后屈。髋和膝在一条线上，小腿叠于大腿。一腿跳起落地，另一腿的小腿极大限度向后屈膝踢起，要求髋和膝在一条直线上；两腿依次经腾空落地，落地缓冲，脚尖过度到脚后跟；

②技术要点　上体保持正直，摆动腿极大限度地屈向臀部，保持膝、踝弹动有力；

③易犯错误　上体前倾，跑跳蹬地无力。勾脚尖。小腿后屈幅度不够；

④纠正方法　先练习原地并腿立踵跳，体会小跳时身体在空中收腹立腰的感觉，然后再练习单腿小跳。后踢腿跳时支撑腿踝关节立起用力下压，另一腿后踢时，小腿尽可能后屈靠臀部；绷脚面，两腿交换时注意屈膝缓冲。

（5）弹踢腿跳

①动作描述　一腿跳起落地，另一腿先屈膝，然后向前下方弹踢

伸直腿部，膝关节和髋关节运动要有控制的延伸，脚尖绷直，要求屈膝落地缓冲；

②技术要点　上体保持正直，摆动腿后屈至臀部，然后向前下方踢腿，在腿部伸直的瞬间膝关节和髋关节运动要有控制的延伸，注意膝关节充分屈伸；

③易犯错误　上体前倾，收髋。起始动作为向前下方的踢腿，摆动腿弹踢时松弛无控制。摆动腿踝关节松弛；

④纠正办法　单手扶把或扶墙练习擦地。原地练习弹踢腿，体会小腿的制动，绷脚面，脚趾扣紧鞋底；

⑤动作变化　弹踢：一腿站立，另一腿先屈膝，然后向前下方弹直。侧弹踢腿跳：向身体的两侧方向踢出。

（6）开合跳

①动作描述　由并腿跳起成分腿落地，分腿时，髋部外开，屈膝缓冲，膝关节弯曲的方向与脚尖方向相同；然后再跳起并腿落地，脚可平行落地或外开；

②技术要点　双腿跳起成分腿落地时，髋部外开，两脚自然分开稍宽于肩，膝关节自然弯曲缓冲，膝关节的投影点不能超过脚尖。要求起跳有力，落地缓冲，身体在空中有控制，并腿跳时大腿内侧肌肉主动内夹收紧；

③易犯错误　两脚分开距离小于肩宽。膝关节内扣。落地没有缓冲。两脚落地时依次而未同时；

④纠正方法　原地练习两侧分腿半蹲，两脚间距离要稍宽于肩，膝关节和脚尖向外。扶把练习开合跳；

⑤动作变化　并步跳：一脚向前侧迈 1 步同时跳起，另一脚迅速并拢成双脚落地。侧并小跳：一脚向侧小跳一次，另一脚随之并上同时点跳两次；

（7）弓步跳

①动作描述　上体正直，并腿跳起两腿前后分开成弓步，两脚尖向前并平行，脚后跟可以不着地，重心在两腿之间；

②技术要点　屈腿的膝关节的投影点不能超过脚尖，另一腿膝关节伸直，落地时注意膝、踝关节的缓冲，两脚尖向前并平行；

③易犯错误 后腿弯曲。两脚不在平行线上；

④纠正方法 扶把练习吸腿后放成弓步。反复练习弓步后腿踝关节立踵接下压动作，或弓步后腿脚跟提起、下压动作，要求膝关节伸直，体会腿部肌肉控制，力量向下延伸的感觉；

⑤动作变化 弓步：一腿向前或向侧屈膝迈步，另一腿伸直；侧弓步跳：并腿跳起两腿两侧分开成弓步，重心在两腿之间。

6. 大学生健身健美操基本技术

此操共 12 节，58 个 8 拍，需时 3 分钟 45 秒。

热身运动

（1）第一个 8 拍

①1 拍至 4 拍 两臂经侧至上举，五指分开，掌心向前，低头；

②5 拍至 8 拍 两腿屈膝半蹲逐渐加深，同时两臂屈肘经前和掌，五指并拢，指尖向上，落至体侧，抬头。

（2）第二个 8 拍

①1 拍至 2 拍 身体重心移至左腿站立，右脚尖点地，同时左臂经胸前平屈上举，五指分开，掌心向前；

②3 拍至 4 拍 身体重心移至右腿站立，左脚尖点地，同时右臂经胸前平屈上举，五指分开，掌心向前；

③5 拍至 8 拍 两腿屈膝半蹲逐渐加深，同时两臂屈肘经前合掌，五指并拢，指尖向上，抬头。

（3）第三个 8 拍

①1 拍 右脚向左前 1 步成交叉步，同时两腿微屈膝，右臂胸前平屈，五指分开，掌心向前，低头；

②2 拍 左腿侧伸，脚尖点地，成右弓步，同时右臂上举，五指分开，掌心向前，抬头；

③3 拍至 4 拍 腿同 1 拍至 2 拍，方向相反，同时右臂经胸前平屈向下伸直，五指分开，掌心向内，目视前方；

④5 拍至 6 拍 腿同 1 拍至 2 拍，同时两臂经胸前平屈前伸至侧举，五指分开，掌心向前；

⑤7 拍至 8 拍 左脚向右前一步，同时交叉转体 360 度，两臂置

于体侧。

（4）第四个8拍

①1拍至6拍　左脚起步原地踏步走，两臂前后自然摆动，握拳，拳心向后；

②7拍　左脚向左侧踏步；

③8拍　右脚向右侧踏步成开立，同时两臂置于体侧。

（5）动作要求

动作起伏大，充分伸展，柔中有刚。原地踏步时要收腹、立腰、挺胸。

头部运动

（1）第一个8拍

①1拍至2拍　两腿半蹲，同时头后屈，左臂前举，立腕，五指分开；

②3拍至4拍　头前屈；

③5拍　头向左转，同时左臂侧举，立腕，五指分开；

④6拍　两腿直立，同时头向右转；

⑤7拍　头还原；

⑥8拍　左臂下摆还原至体侧。

（2）第二个8拍

同第一个8拍，方向相反。

（3）第三个8拍

1拍至2拍，两腿半蹲，同时头向左屈。3拍至4拍，两腿直立，同时头向右屈。5拍至8拍，头由后向左绕环1周。

（4）第四个8拍

同第三个8拍，方向相反。

肩部运动

（1）第一个8拍

①1拍至2拍　左腿向前屈膝，脚跟提起，同时左肩上提1次；

②3拍至4拍　左腿还原伸直，同时左肩下沉1次；

③5拍至6拍　同1拍至2拍，方向相反；

④7拍至8拍同3拍至4拍，方向相反。

51

（2）第二个8拍

①1拍至2拍　左腿屈成左弓步，同时双肩向后绕环1周；

②3拍至4拍　右腿屈膝并于左腿，同时双肩向后绕环1周；

③5拍至6拍　右脚向侧一步成半蹲，同时双肩向前绕环1周；

④7拍至8拍　两腿直立，同时双肩向前绕环1周。

（3）第三个8拍

同第一个8拍，方向相反。

（4）第四个8拍

同第二个8拍，方向相反。

（5）第五个8拍

①1拍　左脚向侧半步成开立，同时两臂伸直向后绕至上举，五指分开，掌心向前；

②2拍　右腿并于左腿后，同时两膝微屈，两臂继续后绕至肩侧屈，五指分开，掌心向前；

③3拍　两臂向侧屈伸1次，五指分开，掌心向前；

④5拍　左臂旋外，五指并拢，掌心向上，同时右臂旋内，五指并拢，掌心向下；

⑤6拍　同5拍，方向相反；

⑥7拍　同5拍；

⑦8拍　两腿伸直，同时两臂下摆至体侧。

（6）第六个8拍

同第五个8拍，方向相反。

（7）动作要求

头部尽可能做牵拉性的屈、伸、绕环动作，绕环时，要连贯、柔和。

胸部运动

（1）第一个8拍

①1拍至2拍　左腿半蹲，右腿屈膝并于左腿，同时向左转体45度，两臂体前交叉，五指并拢，手背相对，含胸、低头；

②3拍至4拍　左腿后蹬成右后弓步，左腿伸直，脚跟着地，同时两臂屈肘后振于腰间，握拳、拳心向上，挺胸、抬头；

③5 拍至 6 拍　身体重心移至左腿成左前弓步，同时两臂伸直经前向侧打开扩胸，五指并拢，掌心向前；

7④拍至 8 拍　左腿伸直，右脚尖点地，同时两臂经下、前至上举后振，五指并拢，掌心向前。

（2）第二个 8 拍

同第一个 8 拍，方向相反。

（3）第三个 8 拍

同第一个 8 拍。

（4）第四个 8 拍

同第二个 8 拍。

（5）动作要求

抬头、挺胸和低头，含胸要充分，两臂后振应短促有力、舒展。

踢腿运动

（1）第一个 8 拍

①1 拍　向左转体 90 度，同时左腿伸直提踵立，右腿向前弹腿，左臂胸前平屈，握拳，拳心向下，右臂后下举，握拳，拳心向下；

②2 拍　右腿屈膝落于体前，左腿屈膝，脚尖后点地，两臂落于体侧；

③3 拍　右腿伸直提踵立，同时左腿向前弹踢，右臂胸前平屈，握拳，拳心向下，左臂后下举，握拳，拳心向下；

④4 拍　向右转体 90 度，同时左腿屈膝落于体侧屈膝点地，两臂肩侧屈，握拳，拳心向前；

⑤5 拍　左腿提踵立，同时右腿直膝前踢，两臂上举，五指分开，掌心向前；

⑥6 拍　左腿半蹲，同时右腿落下，前脚掌点地于左脚旁，两臂向内交叉于腹前，五指分开，掌心向后，上体稍前倾；

⑦7 拍　左腿提踵立，同时右腿直膝侧踢，两臂侧举，五指分开，掌心向后，上体尽量前倾；

⑧8 拍　右腿落下成开立，同时两臂经侧落下。

（2）第二个 8 拍

同第一个 8 拍，方向相反。

（3）第三个 8 拍

同第一个 8 拍。

（4）第四个 8 拍

同第二个 8 拍。

（5）动作要求

弹踢时，要有短暂停顿过程，前踢时，上体保持正直，侧踢时，摆动腿脚面向上。

体侧运动

（1）第一个 8 拍

①1 拍至 2 拍　右腿屈膝成弓步，同时左臂屈肘外张，手扶膝，右臂后上举，上体左前屈；

②3 拍至 4 拍　同 1 拍至 2 拍，方向相反，4 拍的后半拍，左腿伸直成开立。同时右臂肩侧屈，握拳，掌心向前，左臂自然落于体侧；

③5 拍　上体左前屈，同时右脚并于左脚，成两腿微屈，右脚点地，右臂伸直上举，五指分开，掌心向前；

④6 拍至 7 拍　右脚右侧 1 步成两腿开立，同时右臂左下经体前摆至侧举，五指并拢，掌心向下；

⑤8 拍，上体直立，同时右臂落于体侧。

（2）第二个 8 拍

同第一个 8 拍，方向相反。

（3）第三个 8 拍

同第一个 8 拍。

（4）第四个 8 拍

同第二个 8 拍。

（5）动作要求

弓步步幅要大，体侧屈幅度大而有力，还原要有弹性，手臂尽量远伸。

体转运动

（1）第一个 8 拍

①1 拍　右腿屈膝成右弓步，同时上体向左拧转 90 度，右臂屈肘扶肩，左臂贴于体侧，五指并拢；

②2 拍　右腿伸直成开立，右臂自然放于体侧；

③3 拍至 4 拍　同 1 拍至 2 拍，方向相反；

④5 拍　两腿半蹲，同时上体向左拧转 90 度，两臂侧下举，五指分开，掌心向前；

⑤6 拍　两腿直立，同时上体回转，两臂自然放下；

⑥7 拍　两腿半蹲，同时上体向左拧转 90 度，两臂侧举，五指分开，掌心向前；

⑦8 拍　同 6 拍。

（2）第二个 8 拍

同第一个 8 拍，方向相反。

（3）第三个 8 拍

同第一个 8 拍。

（4）第四个 8 拍

同第二个 8 拍。

（5）动作要求

上体向左、右拧转幅度要大，脚不能转动，向侧下、向侧伸臂要有力度，转回要充分到位。

腹背运动

（1）第一个 8 拍

①1 拍　左脚向侧一步，同时两臂腹前交叉，五指并拢，掌心向后；

②2 拍　右腿并于左腿同时跳起，两臂经胸前至侧举，掌心向上；

③3 拍　两腿跳成开立，两臂旋内，掌心向下；

④4 拍　腿同 3 拍，两臂上举，掌心向前；

⑤5 拍　上体前屈，同时两臂屈肘由胸前向下伸出；

⑥6 拍　上体稍抬起；

⑦7 拍至 8 拍　同 5 拍至 6 拍。

（2）第二个 8 拍

①1 拍　上体前屈；

②2 拍　上体稍抬起同时向左拧转 45 度，两臂摆至侧举，掌心向下；

③3 拍　上体前屈；

④4 拍　上体抬起，同时两臂自然落于体侧；

⑤5 拍　右臂经前向后绕环一周；

⑥6 拍　右腿向前屈膝成右前弓步，同时右臂继续绕至前举，掌心向下；

⑦7 拍　腿同 6 拍，右臂于肩上前屈，拳心向内，头向右转 45 度；

⑧8 拍　右腿伸直，同时上体转回，右臂自然落于体侧。

（3）第三个 8 拍

同第一个 8 拍，方向相反。

（4）第四个 8 拍

同第二个 8 拍，方向相反。

（5）第五至第八个 8 拍

同第一至第四个 8 拍。

（6）动作要求

体前屈时，两膝伸直，屈体要有弹性。

髋部运动

（1）第一个 8 拍

①1 拍至 2 拍　右腿屈膝，脚尖点地，同时左腿伸直向左顶髋 2 次，左臂侧举，五指分开，掌心向前，目视左手；

②3 拍至 4 拍　同 1 拍至 2 拍，方向相反；

③5 拍至 8 拍　向左、右顶髋，一拍一动，同时两臂经下向内绕环 1 周，头转正。

（2）第二个 8 拍

①1 拍　左脚向前踏步右腿自然屈膝，同时右臂摆至胸前平屈，左臂摆至侧举，两手握拳，拳心向下；

②2 拍　右腿屈膝落在左腿后，同时两臂自然落于体侧；

③3 拍　左腿向后踏步，右脚自然前屈膝，同时左臂摆至胸前平屈，右臂摆至侧举，握拳，拳心向下；

④4 拍　右腿屈膝落于左腿前，同时两臂自然落于体侧；

⑤5 拍　左脚向前 1 步旋内，脚尖右转，同时提左髋，身体重心移至右脚，双手叉腰；

⑥6拍　左腿屈膝同时向右后顶髋；

⑦7拍　同5拍；

⑧8拍　左脚收至右腿旁成开立，同时两臂自然落于体侧。

（3）第三个8拍

同第一个8拍，方向相反。

（4）第四个8拍

同第二个8拍，方向相反。

（5）动作要求

顶髋时上体不要侧转，髋部扭动有弹性，顶髋的腿要用力伸直。

全身运动

（1）第一个8拍

①1拍至2拍　上体左转45度，同时左腿弹膝一次，右腿由屈膝向左前伸直，脚尖点地，左臂前伸屈腕，鹰爪掌，掌心向前，右臂屈肘后拉，鹰爪掌，掌心向下；

②3拍至4拍　左腿弹腿一次，同时右腿由屈膝向右后伸直，脚尖点地，左臂屈肘后拉于腰间，鹰爪掌，掌心向下，右臂伸直前推鹰爪掌，掌心向前；

③5拍至6拍　以左脚为轴向左转体135度后右脚并于左脚成半蹲，同时右臂经下绕至肩侧屈，五指并拢，掌心向内，左臂自然落于体侧；

④7拍　以右脚为轴向左转体90度后左脚并于右脚成半蹲，同时左臂肩侧屈，五指并拢，掌心向内；

⑤8拍　腿和臂同7拍，抬头。

（2）第二个8拍

①1拍至2拍　全蹲，同时两臂屈肘外张，两手扶膝，五指并拢，低头；

②3拍至4拍　两腿蹬跳成开立，同时两臂伸直经胸前至侧举，五指分开，掌心向前，挺胸，抬头；

③5拍至8拍　左脚起步向后退3步，第8拍，右脚退到左侧，同时两臂向前推出，掌心向前，手指向上。

（3）第三个8拍

①1拍　左腿侧出一步屈膝成点弓步，脚尖点地，身体重心在右

腿上，同时上体稍左转，左臂屈肘收于腰间，拳心向上，右臂前伸，五指分开，掌心向外；

②2 拍　左腿伸直，同时右脚并于左脚，提踵，右臂由前向后画弧屈肘收于腰间，拳心向上，上提转回；

③3 拍至 4 拍　同 1 拍至 2 拍；

④5 拍至 8 拍　同 1 拍至 4 拍。

（4）第四至第六个 8 拍

同第一至第三个 8 拍，方向相反。

（5）动作要求

动作柔中有刚，脚下灵活，身体协调，幅度大，姿态美。

跳跃运动

（1）第一个 8 拍

①1 拍至 2 拍　左脚开始向前交叉跑跳步，身体稍前倾，两臂自然摆动；

②3 拍至 4 拍　左脚向后交叉跑跳步，上体抬起，两臂自然摆动；

③5 拍　双脚跳起落至开立，同时两臂经胸前平屈，两手重叠上下打开，五指并拢，掌心向下；

④6 拍　双腿跳起落至并立，同时两手胸前重叠，握拳，拳心向下；

⑤7 拍至 8 拍　同 5 拍至 6 拍。

（2）第二个 8 拍

同第一个 8 拍，但最后 1 拍，两臂前举，握拳，拳心向下。

（3）第三个 8 拍

①1 拍　双脚跳起落至左腿屈膝、右腿侧伸。勾脚尖，同时左臂屈肘后振，拳心向下，右臂侧举后振，拳心向下；

②2 拍　双腿跳回成直立，同时两臂前伸，拳心向下；

③3 拍　同 1 拍，方向相反；

④4 拍　同 2 拍；

⑤5 拍　右脚蹬跳，同时左腿屈膝上提，两臂经前至侧举，拳心向下；

⑥6 拍　左腿下落双脚蹬跳，同时两臂上举，拳心向前；

⑦7拍　腿同5拍，同时上体左转，两臂后举，五指分开，掌心向前；

⑧8拍　腿同6拍，同时上体转回，两臂前伸，握拳，拳心向下。

（4）第四个8拍

①1拍至7拍　同第三个8拍的1拍至7拍，方向相反；

②8拍　右腿下落蹬跳，同时两臂屈肘收于腰间，握拳，拳心向上。

（5）第五个8拍

①1拍　双脚蹬跳成左侧弓箭步，同时右臂前伸冲拳，拳心向下；

②2拍　双脚蹬回成直立，同时右臂屈肘收于腰间，拳心向上；

③3拍　同1拍，方向相反；

④4拍　腿同2拍，两臂落于体侧；

⑤5拍　双腿蹬跳成左前弓箭步，同时向左转体90度，两臂肩侧屈，握拳，拳心相对；

⑥6拍　双腿蹬回成直立，同时向右转体90度，两臂落于体侧，拳心向上；

⑦7拍　同5拍，方向相反；

⑧8拍　双脚蹬回成直立，同时向左转体90度，两臂屈肘收于腰间。

（6）第六个8拍

同第五个8拍，最后1拍，两臂收至肩侧屈，拳心向前。

（7）第七个8拍

①1拍　左腿向前屈膝弹腿跳，同时两臂经肩侧屈，拳心向前，向上伸出，五指分开，掌心向前；

②2拍　跳成左腿着地，右腿向后屈膝，同时两手握拳收至肩侧屈，拳心向前；

③3拍　同2拍，换腿做；

④4拍　跳成右腿着地，左腿向后屈膝，同时两臂向内交叉至腹前，握拳，拳心向内；

⑤5拍　左腿向左侧屈膝弹腿跳，同时两臂向外摆至侧下举，五指分开，掌心向后；

⑥6拍，跳成左腿着地右腿向后屈膝，同时两臂收至腹前交叉，

握拳，拳心向后；

⑦7拍 同5拍，换腿做；

⑧8拍 腿同4拍，两手握拳收至肩侧屈，拳心向前。

（8）第八个8拍

同第七个8拍，但最后1拍，两臂落于体侧。

（9）动作要求

挺胸，立腰，动作轻快，富有弹性，落地时，前脚掌着地缓冲，注意呼吸配合。

整理运动

（1）第一个8拍

①1拍至2拍 左脚起步向左走一步，右脚跟并步，同时左臂经侧至上举，拳心向下；

②3拍 左腿再向左1步伸直，重心左移，右脚尖点地，同时，向左斜前转体45度，左臂向上伸出；

③4拍 左腿半蹲，同时右腿屈膝并于左腿，上体放松前屈，左臂屈肘经前自然落下；

④5拍至8拍 同1拍至4拍，方向相反。

（2）第二个8拍

①1拍至2拍 左脚侧出一步成开立，同时上体转回，两臂由腹前向外经侧，掌心向下，至上举，第2拍，两手翻掌，掌心相对；

②3拍至4拍 两腿屈膝半蹲逐渐加深，同时两臂屈肘向下按掌，指尖相对，掌心向下；

③5拍至8拍 同1拍至4拍，最后左脚并于右脚，同时两臂落于体侧。

（3）动作要求

充分放松，调节呼吸，动作连贯自如，舒展大方。

7. 啦啦操基本动作

基本状况

（1）基本概念

啦啦操运动是在音乐的衬托下，通过队员身体动作的完美完成及

高超的技能展示，集中体现青春活力，健康向上的团队精神，并追求团队荣誉的最高境界。

（2）历史发展

拉拉队运动始创于 *1880* 年的美国校园，最早出现的形式是观众为本队加油呐喊。今天，啦啦操这项运动已经迅速得到了发展，具有较高的健身价值，影响力也越来越广泛。

手臂动作

（1）高 V 字

两臂斜前上举，拳心向外，举成 V 字，手臂伸直用力，注意手腕平直，是手臂的延长线。

（2）倒 V 字

同高 V 字动作，但方向向下。

（3）T 字

两臂体侧前平举，拳心向下。手臂伸直、手腕平直，大拇指向前。

（4）短 T

两臂胸前平屈，拳心向下；由 T 字动作屈肘，大小手臂在一个水平面上。

（5）单臂冲拳

一手臂稍前夹耳冲拳上举，拳心向内；另一手臂握拳叉腰，拳面触腰。

（6）双臂冲拳

两臂稍前夹耳冲拳上举，拳心相对。

（7）左 L 字

右手冲拳，左手半个 T 字动作，L 开口向左。

（8）右 L 字

左手冲拳，右手半个 T 字动作，L 开口向右。

（9）右斜线

一个手臂是高 V 字动作的一部分，另一个手臂是倒 V 字动作的一部分。左臂侧下举，右臂侧上举。

（10）左斜线

左臂侧上举，右臂侧下举。

（11）K 字动作

腿为侧弓步，弓腿一侧手臂高 V 字动作，另一侧手臂朝屈腿方向做斜下冲拳，与身体组成 K 字图形，注意脸朝向前方。

左 K 字即左臂做斜前上举，右臂做斜前下举，拳心向下。

右 K 字即右臂做斜前上举，左臂做斜前下举，拳心向下。

（12）拍手

两手臂胸前击掌，双手位置略低于脸。拍手时应注意稳、准、狠，集体练习时节奏应高度一致。

（13）短剑动作

大臂贴紧身体，小臂竖直屈肘，注意手臂及手腕的平直。

（14）底线得分动作

两只手臂上举，小拇指向前，伸直并靠向头，手腕平直。

（15）烛台动作

两手臂前举，保持手腕的平直，拳心向里，拳面向前。注意两手臂应朝正前方不能有夹角。

跳步动作

（1）分腿小跳

预备姿势身体成立正姿势，两臂成高 V 字，同时双脚立踵，身体保持直立；当两腿开始屈膝下蹲时，两臂伸直由内至外绕环，绕环至高 V 字的同时，双脚跳起向左右两侧分开，空中身体姿态呈"X"型，落地时屈膝缓冲，双臂放于体侧。

（2）分腿大跳

预备姿势身体成立正姿势，两臂成高 V 字，双脚立踵身体保持直立；当两腿开始屈膝下蹲时，两臂伸直由内至外绕环，绕环至 T 字的同时，双腿跳起，两脚快速向左右两侧斜前方向踢起，两腿成 $180°$；空中成屈体分腿姿态，双手可以选择碰脚；落地屈膝缓冲，双臂放于体侧。

（3）C 跳

预备姿势身体成立正姿势，两臂成高 V 字同时，双脚立踵身体保持直立；当两腿开始屈膝下蹲时，两臂伸直由内至外绕环，同时双腿跳起，小腿后屈，上体后屈，两臂成 L；手臂、上体和和腿部同时向侧压，看起来就像一个"C"字；落地屈膝缓冲，双臂放于体侧。

组合动作

（1）组合1

①准备　准备姿势：两脚并拢，双手握拳，手臂自然下垂。

②右脚　右脚向右迈1步，同时左臂T字动作，右臂断T字动作；

③右脚　右脚并拢左脚，手臂动作同1但方向相反；

④左脚　左脚向左迈1步，同时左臂高V字动作，右臂断T字动作；

⑤左脚　左脚并拢右脚，手臂动作同3但方向相反；

⑥右脚　右脚向后迈步，左腿前弓步，两臂后举，拳心相对；

⑦右脚　右脚并拢左脚，两臂胸前击掌2次。

（2）组合2

①踢左腿同时右臂胸前平屈，左臂垂直于右臂竖直屈肘。同上，方向相反。右脚向左迈1步，双臂伸直由下经上做大绕环；

②短剑动作；

③T字动作；

④右腿侧弓步，左臂K字动作，右臂放于腰间；

⑤提左膝，同时两手臂上举，两手掌重叠；

⑥两脚开立，两手臂放于腰间。

（3）组合3

①右脚并拢左脚，两手臂大臂T字动作，左臂前臂向上竖直屈肘，右臂前臂向下屈肘，立即做；

②同一方向相反，立即还原成1的动作；

③右脚向右脚尖点地、微屈，身体稍向左转，同时右臂侧平举；

④烛台动作；

⑤保持烛台动作，同时依次耸左、右肩；

⑥提4右膝，两臂自然下垂；

⑦右腿前弓步，短T动作；

⑧左腿向前一步前弓步，高V字动作。

（4）组合4

①踢右腿，两臂平直交叉于腹前；

②向左转体90度，同时提右膝，两手臂断T动作，随后右脚并拢

左脚，左腿向前弓步，两手臂自然下垂；

③K 字动作；

④两脚开立，右臂断 T 字动作，左臂自然下垂；

⑤高 V 字动作；

⑥右腿前弓步，两手臂竖直屈肘于胸前，两小臂交叉晃动两次，五指分开，掌心向内；

⑦还原成准备姿势。

8. 街舞基本技术

基本动作

（1）屈膝弹动

①并腿上下膝关节屈伸，躯干随节奏左右摆动，可两拍屈伸一次，也可一拍屈伸一次；

②分腿，其他同上。

（2）提膝弹动

①重拍抬左膝同时屈右膝，躯干向前下压，弱拍放左腿伸右腿打开上体。可交换腿做也可单侧重复；

②换另一侧；

③提膝向后放腿，身体随着侧转。

（3）滑步弹动

①1 拍　蹬左腿，右脚贴地面滑出一大步，收左腿双脚并拢，同时右膝蹬直，躯干左侧倾直臂交叉。

②2 拍　放松屈膝降重心，双臂放下。

（4）膝外展内收

①双腿屈，右膝外展同时右前臂外展。右脚后跟外展，右膝内收躯干稍左转；

②屈膝提脚后跟，双膝外展同时两臂外展，双膝内收。

（5）踝外展内收

①动作基本同（4），区别是脚踝主动发力且动作幅度较小；

②双腿前后交叉，两腿踝同时内收外展。

（6）踹腿接后撤步

①1拍　右腿左前侧踹同时躯干右侧倾；

②2拍　右腿右侧踹同时躯干左侧倾；

③3拍　右脚向左后撤，左脚稍离地抬起。交换腿，左脚放下抬右腿；

④4拍　放右腿，双脚并拢。

（7）后踹腿

①1拍　膝右腿同时收腹躯干下压，右腿向后蹬伸同时展腹；

②2拍　跳起换腿膝左腿，左腿后蹬伸。

（8）侧踹腿

①1拍　膝右腿同时收腹躯干下压；

②1达　右腿向右侧伸展，同时躯干左倾；

③2拍　跳起换腿膝左腿；

④2达　左腿向左侧伸展，同时躯干右倾。

（9）碾转步

①1拍　右脚向前一小步；

②1达　屈膝提脚后跟同时左膝右踝外展；右膝左踝内收躯干左转；

③2拍　还原到1拍。

（10）身体左右波浪

身体各关节按颈，肩，胸，腰，跨，膝的顺序依次来回左右摆动。

（11）身体前后波浪

①1拍　挺胸低头立腰收腹；

②1达　含胸收腹顶跨屈膝；

③2拍　屈跨躯干下压，挺胸收腹；

④3拍　双膝内收稍稍蹬起，含胸收腹；

⑤3达　蹬直双膝顶跨低头含胸，躯干向后成背弓；

⑥4拍　屈膝屈跨收腹含胸。

（12）左右顶肩

①1拍　蹬左腿去右腿同时右肩上提左肩下压；

②1达　与1拍反方向；

③2拍　同1拍。

（13）振胸

①1 拍　屈膝收腹含胸；

②1 达　伸膝立腰挺胸；

③2 拍　同 1 拍。

（14）并腿转体

①1 拍　迈右腿双臂打开；

②1 达　收左腿并腿右转 360 度；

③2 拍　左右腿依次分开双臂交叉上举。

（15）躯干竖直绕环

①左移躯干向左侧下压；

②重心移到中间躯干前压；

③重心右移躯干右转；

④蹬直右腿抬起躯干。

组合动作

（1）步骤一

①1 拍　右腿向右侧滑步；

②1 达　收左腿伸直双膝；

③2 拍　屈膝降重心同时右前臂向外绕环 1 周；

④3 拍　4 拍为 1 拍 2 拍反方向；

⑤5 拍　右腿上前一步屈臂下压；

⑥6 拍　收右脚双手腹前交叉；

⑦7 拍　左腿上前两臂侧展屈肘下切；

⑧7 达　碾转步身体右转同时右前臂上举左前臂下切；

⑨8 拍　身体还原到正面手臂动作与 7 拍相反。

（2）步骤二

①1 拍　抬左膝身体左转；

②1 达　左腿向后撤一步；

③2 拍 2 达　与 1 拍 1 达动作相反；

④3 拍　左腿向右前侧踹；

⑤3 达　左腿向左侧踹；

⑥4 拍　屈左膝身体左转 45 度；

⑦5 拍　左腿向后踹同时双臂后伸；

⑧5 达　跳起换腿收腹屈右膝抬起双臂；

⑨6 拍 6 达　与 5 拍 5 达动作相反；

⑩7 拍同 5 拍；

⑪7 达分腿屈膝下蹲；

⑫8 拍跳起并腿双臂腹前交叉。

（3）步骤三

①1 拍　迈左腿双掌并拢双臂前伸；

②1 达　屈肘身体不动；

③2 拍　双膝右转左跨前顶双肘向左平移，双手到左胸，2 拍达身体转正，双肘向右平移，双手至右胸，3 拍屈右膝双手下切至右跨；

④3 达　放右腿双手上提；

⑤4 拍　同 3 拍；

⑥4 达　右腿向侧打开双手放于体侧；

⑦5 拍　右踝内收；

⑧5 达　同 4 达；

⑨6 拍　左踝内收；

⑩6 达　同 4 达；

⑪7 达 8 拍　躯干由左向右的竖直绕环。

（4）步骤四

①1 拍　右膝内收右臂侧伸同 1 达；

②2 拍　同 1 拍反向，2 达同 1 达；

③3 拍 3 达　身体右转由上至下的身体波浪；

④4 拍　右腿屈膝外展收腹；

⑤5 拍　右腿向左侧后放同时左膝抬起；

⑥5 达　放左腿重心前移；

⑦6 拍　右腿向右侧迈；

⑧7 拍　左腿向右侧后放右膝抬起，重心后仰；

⑨7 达　放右腿重心前移；

⑩8 拍　收左腿屈膝下蹲。

嘻哈舞技术

（1）概念

嘻哈舞是由最代表性的动作 UP Down、C–walk、Shake 组合而成，极富变化。并通过头、颈、肩、上肢、躯干等关节的屈伸、转动、绕环、摆振、波浪形扭动等连贯组合而成的，各个动作都有其特定的健身效果，既注意了上肢与下肢、腹部与背部、头部与躯干动作的协调，又注意了组成各环节各部分独立运动。

（2）动作

嘻哈舞是人们最常接触的一种舞蹈，它有着幅度大而简单的舞步，能够表现出复杂的舞感。因为容易学习，跳起来也相当好看，所以很受大众喜爱。

机械舞技术

（1）概念

机械舞是一种非常特别而且有趣的舞蹈风格，他是一种错觉式的舞蹈风格，同时他也很难形容，如果你以前从来没有看过的话。这种舞看起来就像是舞者被一种超自然的力量所控制住，然后做出一些奇异的，令人不可置信的动作。属于难度较高的街舞类型。

（2）动作

这种舞蹈的基本形式是随着音乐的节拍，舞者身体各部位的肌肉要持续不断地放松与绷紧，造成猛烈抽动和振动的效果，同时身体摆出各种疯克风格的姿态，，它需要舞者具有丰厚的韵律感和疯克感觉。

锁舞技术

（1）概念

流行街舞的一种，大部分是手的动作。靠肘关节来"锁"，动作干净利索。包括迅速和有力的地把头、肩、臂、臀等部位做突出和锁定的动作，产生眼花缭乱的美感和力道感。

（2）动作

锁舞依赖快速、明显的手臂及手部运动，搭配比较放松的臀部和腿部。这些运动通常又大又夸张，往往极具韵律感并且和音乐紧密接合。锁舞是相当表演导向的，经常借由微笑或高举双手击掌来与观众互动，有些动作在本质上相当具有喜剧性质。

霹雳舞技术

（1）概念

霹雳舞是个专用名词，只有那些贴近地面，以头、肩、背、膝为重心，迅速旋转、翻滚的动作才叫"霹雳"。

（2）特点

霹雳舞动感和节奏感非常强烈，跳起来可以尽情尽兴，青年人对跳这种舞简直至了如醉如痴的程度。

（3）动作

风格动作是霹雳舞的基础，也是霹雳舞风格的主要体现。包括以下舞蹈动作：

①战斗舞步　模拟打斗的舞蹈；

②摇摆步　身体直立有摇摆动作的舞蹈；

③地板动作　身体下伏，以手臂支撑地面，双腿快速翻转和移动；

④定格　由手部支撑地面完成的身体空中停顿动作。

（4）特殊动作

一系列高技巧性动作的总称，它的动作主要分为旋转、跳、滑、浮、刷腿、空翻、踢几类。其特点是以身体各个部位为支点，身体旋转或腾跃。

自由式街舞技术

（1）概念

自由式街舞最早起源于美国纽约，这是一种出神入化的舞步。它将各种类型的舞蹈混合在一起，随心所欲地表现，没有舞蹈风格的限定，脱离一般舞蹈的规范，可以说是一种个性化的街舞。

（2）动作

它的动作是由各种走、跑、跳组合而成，极富变化。并通过头、颈、肩、上肢、躯干等关节的屈伸、转动、绕环、摆振、波浪形扭动等连贯组合而成的。各个动作都有其特定的健身效果，既注意了上肢与下肢、腹部与背部、头部与躯干动作的协调，又注意了组成各环节各部分独立运动。

豪斯舞技术

（1）概念

随着豪斯音乐，运用复杂而神奇的步伐表现的一种舞步，它可以加上拉丁舞的扭腰、武术的空翻、踢踏舞的基本步以及芭蕾的转圈，跳起来既可以十分优雅，也可以相当狂野。

（2）动作

豪斯舞步伐和动作轻盈、优雅、柔美、松弛，普遍认为这种舞是踢踏舞和沙沙舞的结合体。它的许多动作来自踢踏舞，另外还包含地板动作和各种即兴的小花招。

新爵士舞技术

（1）概念

这是一种由爵士发展而来的舞，专由女生跳的，很讲究柔美和瞬间爆发。

（2）动作

以手臂的动作为主，腰的扭动和臀部的动作为辅，对身材要求很高，在欧美和韩国非常流行，配乐是节奏化过后的爵士乐。

雷鬼舞技术

（1）概念

这个舞起源于法国，也有人说起源于美国，是非常性感的一种舞蹈。

（2）动作

演绎的舞者穿着也很暴露，以下半身的动作为主，主要用到臀部，腰部，腿部，还会有一些简单的倒立，同时在空中摇晃大腿的诱惑动作。

9. 拉丁健身操基本技术

基本状况

（1）概念

拉丁健身操是国标中的拉丁舞和有氧操的嫁接。国际标准拉丁舞的内容包括伦巴、恰恰、牛仔舞、桑巴、斗牛舞。

拉丁健身操将拉丁舞中一些颇具特点且有益健康的舞蹈动作吸收过来，和时下流行的有氧运动结合起来。伴着高昂的、欢快的拉丁音乐，跳动的欲望会立刻被唤起，情不自禁地伴随着音乐扭动起来。拉丁健身操要求百分之百的情绪投入，越是淋漓尽致地把拉丁的感觉发挥出来，就越能在音乐中释放情绪，缓解压力，所以，这是一种产生快乐、不会疲倦的有氧健身操健。

（2）动作

①热情奔放　拉丁操对动作的细节要求不高，不强调基本步伐，而强调能量消耗，追求身体线条，注重对髋、腰、胸、肩部关节的活动。更确切说，它是健身操的一种，抖肩、扭胯、旋转，最大的特点是在运动中洋溢着拉丁舞蹈特有的欢乐与激情，在热烈奔放的拉丁音乐中让心情舞起来，让我们在舞蹈动作中燃烧脂肪，这种热情奔放、自由随意的健身方式就成了一种享受。因此，拉丁健身操在少儿、青年一族中的风行也就不足为奇了。

②舞蹈元素　激情拉丁自由随意，热情奔放，节奏明显。它的锻炼侧重点在于腰和髋部，同时使大腿内侧得到充分锻炼。拉丁健身操的另一个特点是在热烈奔放的拉丁音乐中感受南美风情，同时在健身操中增加舞蹈元素，在锻炼之外更可自我享受。

③情绪投入　拉丁健身操溶入了许多不同舞蹈种类的动作元素在其中，演绎出个性、热情与奔放，感受更多的健康与乐趣。拉丁健身操要求百分之百的情绪投入，越是淋漓尽致地把拉丁的感觉发挥出来，就越能在音乐中释放情绪。

伦巴基本技术

（1）足着点

伦巴的足着点是"脚掌、全脚平伏"，它总共有6步：

第一步：左足前进，脚尖转向外。

第2步：右足在原地，重心移到右足。

第3步：左足向侧并稍后。

第四步：右足后退。

第五步：左足在原地，重心移到左足。

第六步：右足向侧并稍前。

以上是男士舞步，它的第一二三步是女士的第四五六步，而它的第四五六步是女士的第一二三步。

（2）脚移动

关于脚的移动还牵涉到膝盖和臀部的动作，当左脚移动向前时膝盖是松弛的，当重心上到左脚时膝盖是直的，而此时臀部则柔顺地移向左，然后右膝稍微松弛；当重心移回右脚时，右膝是直的而臀部则柔顺地移向右，此时左膝稍松弛；当重心向侧移到左脚时，左膝是直的左臀柔顺地移向左，右膝稍松弛。

另外当脚移动向前时，是先脚背抬高以脚尖加一些挤压入地板，然后再到脚掌同样保持挤压入地板，当全脚板着地前脚跟就已放低了；当后退步时，先是用移动脚的脚掌然后脚尖，当重心完全移转时脚跟就放低了，而此时非重心脚的脚跟容许自然的离开地板。

（3）闭式握持

另外提到闭式握持，在伦巴、恰恰恰、森巴的闭式握持是一样的，舞伴间分开约 0.15 米宽，女士稍在男士的右侧，男士右手放在女士背后盖住女士左肩胛骨的下方，右手臂形成柔顺的弯度，手肘大约到胸部的高度。女士的左手臂轻轻地放置于男士右手臂上，顺着它的弯度，同时女士的左手轻轻地休息在男士的右肩上。

男士的左臂保持柔顺弯度，大概和右手臂相对称，但是左前臂必须高举。左手和手腕成垂直大约和鼻子齐高。女士的右手被男士轻轻地握在左手里。男士的左手和女士的右手须保持在两个身体的中央。

恰恰基本技术

（1）风格特点

恰恰舞的动律和伦巴基本相同，由于伴奏舞曲及舞步速度轻快，因而具有活泼、热烈而俏皮的风格特点。

（2）步法音乐

它的步法音乐每小节 4 拍走 5 步：慢、慢、快、快。慢步一拍一步，快步一拍两步，臀部摆动和伦巴很相似。跳每个舞步都应该在前脚掌施加压力，膝盖部分稍屈，当重心落到某只脚上时，脚跟放低，膝部伸直，臀部随之向侧后方摆动，另一条腿放松屈膝。臀部的摆动要明显，只是在跳快步时可不必强调。

恰恰舞的曲调欢快而有趣，舞步和手臂动作配合紧凑，给人一种俏皮而利落的感觉。对初学者来说，要选用一些慢速的舞曲进行练习。

恰恰舞音乐节拍为每小节 4 拍，第 1 步和伦巴舞一样，也是从音乐小节的第二拍开始起步的，初学者不可只注意动作和脚步而忽视了乐曲节奏的掌握，否则踏错了起步的节拍，将会使脚步与节奏一错到底。

（3）步伐节奏

恰恰舞用 C 表示，是拉丁舞项目之一。节奏为 4/4 拍，每分钟 30 小节至 32 小节。每小节 4 拍，强拍落在第 1 拍。4 拍走 5 步，包括两个慢步和 3 个快步。第 1 步踏在第 2 拍，时间值占 1 拍；第 2 步占 1 拍；第 3、第 4 两步各占半拍；第 5 步占一拍，踏在舞曲的第 1 拍上。胯部每小节向两侧摆动 6 次。舞曲热情奔放，舞步花哨利落步频较快，诙谐风趣。

（4）追赶步

学习恰恰舞，首先要练好并合步，并合步又称为虾 C 步，它是恰恰舞最基本的舞步。并合步由 5 步构成，但最能表现恰恰恰舞节奏及舞步特点的步子主要在第 3 至 5 步。这 3 步中，它的节拍为 QQS，又念做恰恰恰。其中最后 3 步有的教材上也称其为快滑步，由于在快滑步的 3 个步子中，第 2 步好像在追赶第 1 步，故这个舞步也称为追赶步。

牛仔舞基本技术

（1）概念

牛仔舞是一种节奏快，耗体力的舞。牛仔舞由基本舞步踏步、并合步，结合跳跃、旋转等动作组合而成。要求脚掌踏地，腰和胯部作钟摆式摆动。特点是舞步敏捷、跳跃，舞姿轻松、热情、欢快。

（2）动作

①形成一个 v 字型　起舞时男女舞伴相对立，男子的右髋骨摸着女子的左髋骨，男子左手的手指弯成钩形，松松地勾着女子的右手指，左边身体与女子的右身分开，形成一个 v 字型；

②牛仔舞的音乐　手脚的关节应放松，自由地舞蹈，身体自然晃动，脚步轻快地踏着，且不断与舞伴换位，转围旋转。牛仔舞的音乐，节拍为 4/4 拍，1 和 3 为重音，2 和 4 为轻音，慢步占 1 拍，快步占 3/4 拍式 1/4 拍；

③跳好并合步　跳牛仔舞必须先跳好并合步，并合步的数拍是 3/4，跳的时候可以转或不转的跳向任何方向，前后左右，360 度的任何方向都可以，并合步还可以旋转着跳"美式旋转"，当跳向前或向后的并合步的时候，可以用锁步，也可以不用锁步。

④并合步的重心　主要是在前脚掌，而且是脚尖内侧，专业的说法称为"拇指球"内侧，拇指球指的就是前脚掌。尽管第一、二步脚

法是拇指球，但这些步子的脚跟是靠向地板的甚至是碰上地板的，当第 3 步做一个足量的转动时，这 1 步的脚法也是"拇指球"，重心在前脚掌上。

⑤并合步的脚法　当男士或女士跳向前的并合步的时候，脚法是：前脚掌、脚尖，前脚掌。跳向后的并合步的时候，是脚尖、前脚掌、脚尖。牛仔舞常用的向左、向右或向前、向后"锁步"的并合步是最基本的舞步，许多舞步都是在此基础上变化发展的，因此对于初学者来说必须反复练习，以达到熟练自由。

⑥胯臀部的动作　跳牛仔舞左右并合步的时候，还要加上胯臀部的动作，否则就失去很多魅力。跳牛仔舞左右并合步的时候胯是要左右摆动的，很多人跳的时候，没有胯的动作，即使节奏对，第 2 步并腿的要领也对，看起来也不好看。比如向左的并合步，胯就要向左摆动，在第 3 步向左出胯，向右的并合步，胯就要向右摆动，在第 3 步向右出胯。当然其他的辅助性舞步也是有胯的摆动的，可参照伦巴舞中的胯的摆动，但是在牛仔舞中胯不用像伦巴舞中那样有转动的要求，只要稍微左右摆动就行了。

（3）注意事项

①步伐一定要小　跳牛仔舞的步伐一定要小，几乎就是在原地跳，否则在快速的节奏下，很难跟上节奏。老师一般做示范的时候，步子都很大，因为小了学员看不清楚，但是真正随节奏跳的时候，步子一定要小；

②要压着身体跳　牛仔舞虽然欢快热烈，给人的感觉富有弹性，跳跃感很强，其实并不能真的跳起来，跳起来的感觉只是人的一种错觉，要压着身体跳，否则就真像跳大神了。跳跃感不是由于跳起来很高呈现的，而是由于双腿的快速的运动给人的错觉造成的，这一点慢慢的大家都能领会。

桑巴基本技术

（1）概念

桑巴舞是一种集体性的交谊舞蹈，参加者少则几十人，多则上万人。这种舞蹈以鼓、锣等打击乐伴奏；这种舞蹈的舞步简单，双脚前移后退，身体侧倾，前后摇摆。

桑巴舞可在舞厅和舞台上演出，而更多则是在露天的广场和大街上集体表演。舞者围成圆圈或排成双行，边唱边舞。舞者狂放不羁，动作幅度很大，节奏强烈，给人以激情似火的感觉。

（2）动作

①男女舞者　男女舞者成对原地或绕舞厅相伴而舞，也可分开来各跳各自的舞步。男舞者钟情于脚下各种灵巧的动作，两脚飞速移动或旋转。女舞者则以上身的抖动以及腹部与臀部扭动为主。

②打击乐器　而大鼓、铜鼓、手鼓等打击乐器同时并作，高亢激越，声浪滚滚，更烘托出一种紧张炽热、烈火扑面的气氛。

在这种气氛达到高潮之时，乐声往往又戛然而止，高难的舞蹈动感一下子冷凝为万般皆寂的雕塑似的静态。动与静的瞬间变化，大起大落的惊人和谐，制造出一种特有的惊喜感与震撼美。桑巴有着特有的节奏，其中以富有巴西特点的乐器著称；

③动作要领　桑马基本动作是左、右扫步。第1步左脚左侧迈步，髋关节由右向左划8字，左手向左侧打开伸直，右手划一弧形扣肘从脸侧划下。第2步右脚后侧点地的同时放髋下压，右手向后摆打开伸直，左手划一弧形扣肘从脸侧划下。第3步同第1步但方向相反，第4步同第2步但方向相反。

斗牛舞基本技术

（1）概念

斗牛舞源于法国，盛传于西班牙，模仿西班牙斗牛士动作的一种舞蹈。男舞者如斗牛士般气宇轩昂、钢劲威猛；没有胯部的扭动动作，脚步干净利落，进行曲式的舞曲，给人一种勇往直前的大无畏气概。女舞者红色披肩，英姿飒爽，舞姿迷人。

（2）动作

①是两步舞　斗牛舞是一种两步舞，男士象征斗牛士，气宇轩昂、刚劲威猛，女士象征斗牛士用以激怒公牛的红色。斗牛舞的音乐为2/4拍，速度每分钟62小节左右；

②舞的握持　除了因手臂举得相当高，致使男女上身位置更贴近之外，其握持方式与英式舞蹈相似。当舞步进行处于侧行步位置或反侧行步位置时，舞蹈位置无法保持正常的握持，身体的接触会脱离，

女士与男士分开约 0.12 米至 0.18 米，男士无法惯常以双臂去引导他的舞伴。因此，手臂动作被引导，且不应是夸张的；

③舞步重心　都是在脚底，脚跟离开或是轻微接触地面，而前进进行舞步通常是以脚跟引导；

④动作术语　原地踏步、基本步、踩步、攻步、追步、并进走步、推分离步、侧行前进、大圆圈转、开式折线步、并退快扫步、斗蓬步、切分推离步、短扎枪步、扭摆步、矛刺步、费列戈利那、行进连续转。

10. 搏击操基本技术

练习方法

（1）发力准确

搏击操的基本拳法、腿法都来自于竞技搏击类项目，因此在发力感觉上完全与之相同，出拳要快，踢腿要狠。出拳快即击出后要靠自身马上将拳收回，踢腿狠即攻击对方某部位力量要重。

（2）音乐伴奏

在音乐伴奏下练习时，只要注重发力的感觉，所有动作都在于出拳，踢腿的过程，不必考虑用全力击出。那么这个过程是很顺畅的，完全在肌肉配合控制下进行的，所以它能充分锻炼到每部分肌肉，尤其对腰腹肌的针对性更强。

基本技术

（1）热身

两脚开立，深呼吸，原地踏步、侧点步、交叉步等，全身伸展。

（2）直拳

站立，面向目标，臂和肩部成一直线，发力顺序从腿、腰、肩、拳。目标：颚、肋、鼻。

（3）摆拳

站立：面向目标，出拳时臂和肩成一弧形，发力顺序从腿、腰、肩、拳。目标：颚，肋，鼻。

（4）左勾拳

左腿在前，重心靠前，臂夹角 90 度，左右脚替换，出拳尽可能长。目标：颚，肋，鼻。

（5）前腿前踢

脚与肩同宽，重心在后脚，看着目标，抬膝，上身微后仰，脚掌踢。目标，回开始位。

（6）后腿前踢

脚与肩同宽、重心在前脚，看着目标，抬膝，上身微后仰，脚掌踢。目标，回开始位。

（7）侧踢

两脚开立，与肩同宽，重心在右腿、目视左侧目标，抬起左膝，向身体靠，上身微向右倾斜，右脚脚尖转离目标，右臂放低，保持平衡，用脚侧缘攻击，脚尖朝下，踢出左腿，回到侧面。

（8）摆踢

右侧为目标，两脚开立，与肩同宽、重心在右腿、屈前腿、目视右侧目标、抬起左膝，向身体靠扫向目标，重心在前腿。动作完成时，放松膝盖，身体向右微倾、右脚脚趾转离目标，左膝弯曲，指向目标、右臂放低，保持平衡、用脚侧缘攻击，脚尖朝下、左脚放下时，两脚距离比肩宽、最终站位左侧为目标，与开始时相反。

主要招式

（1）左直拳

站立，左腿在前，面向目标，臂和肩部成一直线，发力顺序为腿、腰、肩、拳。

（2）左勾拳

右腿在前方，重心靠前，臂夹角90度，由下往上出拳，出拳尽可能长。

（3）右摆拳

站立，双腿张开，面向目标，出拳时臂和肩成一弧形，发力顺序为腿、腰、肩、拳。

（4）踢腿

脚与肩同宽，重心在后脚，看着目标，抬膝，上身微后仰，脚掌踢目标，然后回开始位。

（5）抬膝

脚与肩同宽，前后脚，重心在后（左）脚，看着目标，左脚抬膝。

(6) 右压腿

两脚平行开立，脚尖对正前面，右脚屈膝成 90 度，膝部不超过脚尖，大腿接近水平线，全脚着地，左脚伸直，双手向左保持平衡。

11. 瘦身健美操技术

步骤一

站立，两手叉腰，两腿分开。先向左侧扭转腰部，直至最大限度。然后再向右侧扭转腰部，同样直至最大限度，连续做 10 次至 20 次。

步骤二

站立，两手叉腰，两腿分开。先向前后弯腰，再向左右弯腰，弯后直立，连续做 10 次至 20 次。

步骤三

站立，背靠墙，两手向上伸直，腰向后弯，两手逐渐下移，直至最大限度，做 5 次。

步骤四

仰卧，闭眼，两腿交替伸直和屈膝动作要慢，并与呼吸配合，肌肉要放松。

步骤五

仰卧，先将右腿弯曲，使大腿尽量靠近胸部，停 2 秒后再伸直，换左腿做同样动作。两腿交替，连续做 10 次至 20 次。

步骤六

左侧卧位，右臂垫在头下面，双腿稍微弯曲，然后尽量屈右腿，使膝关节靠近下凳，然后慢慢伸直；再屈左腿，使膝关节靠近下凳，然后慢慢伸直。两腿交替进行 10 次，再换右侧卧位，动作与练习次数同前。

步骤七

跪在床上，双手支撑上身，像猫一样练习弓背时要低头，腰部要用力，然后慢慢抬头，并放松腰背肌肉，使脊柱"U"形，在做弓背动作时深吸气，塌时长呼气。

步骤八

仰卧，两腿弯曲，两臂放于体侧，头及上身慢慢向上抬起，停留 1

分钟左右，头再落下，反复进行，直至颈部及腰部肌肉感到酸沉为止。

步骤九

仰卧，以头和脚为支撑点，腰臀部尽量向上挺，身体成桥形，持续 30 秒钟后将臀部及腰部放下，休息 2 分钟再做，每天起床时及睡觉前各做 3 次。

步骤十

坐在凳子上，用两手摩擦腰部，每次 5 分钟以上，并手握拳在腰部脊柱两侧轻轻拍捶，每次 30 次至 50 下。

步骤十一

站立，两腿分开，双臂向前伸直并向上抬，头和上身尽量后仰，仰到不能再仰时，改为低头弯腰，两臂尽量垂直，手摸脚尖，注意膝关节不要弯曲，然后再抬抬头向后仰身，如此反复练习。

步骤十二

站立，两手叉腰，两腿分开，先按顺时针扭转腰部 10 次，再按逆时针扭转 10 次，最后向前后、左右各弯腰 5 次。

12. 身材健美操技术

良好的身材是每一个年轻人所渴求的，而要想保持好的身材，坚持运动是至关重要的。其实，你每天只需花 20 分钟，坚持练习健美操，好身材就会长期属于你。

拱臂运动

（1）姿势

跪撑，抬头，背平直。

（2）动作

拱背，低头，收缩腹肌，保持姿势 5 秒钟，还原。反复做 8 次，收缩腹肌时口呼气，还原时鼻吸气。

体侧屈运动

（1）姿势

盘腿端坐，双手放在体侧地上。

（2）动作

左手向左侧方滑出，上体左侧屈，右臂上举，随之向左侧摆振，反复向左侧屈摆 4 次，还原。换右侧做 4 次，重复两遍，侧屈时臀部不动，运动要做得慢而有节奏。

划船运动

（1）姿势

坐姿，两腿屈膝分开，双臂前举，手心向下。

（2）动作

双手随上体前屈而前伸，头伸向膝间，还原。每间隔 6 秒钟做 1 次，反复做 24 次，腰背挺直时收腹，上体前屈时呼气，伸直时吸气。

腿部运动

（1）姿势

平卧，左臂后伸平放，左腿伸直，右腿屈膝撑起，右臂平放体侧。

（2）动作

背部贴紧地面，左臂前举，左腿后抬，尽量使两者相碰，重复 12 次，再换右臂、右腿做 12 次。要点是收腹，保持背部平直。

扭转运动

（1）姿势

坐姿，两臂自然下垂，左腿屈膝放右边；右腿屈膝抬起，脚放左大腿外，上体向右扭转，左手置右腿跟上，右手放在身后地板上，眼睛看右肩，保持姿势 20 秒钟。

（2）动作

换方向做相同动作，各重复 2 遍。转体时收腹，深呼吸。

收腹运动

（1）姿势

仰卧，双腿分开，腰不贴地，两臂平放体侧，收紧腹肌，使脊椎贴地面，保持姿势 6 秒钟。

（2）动作

放松还原，反复做 12 次。

挺腰运动

（1）姿势

仰卧，背贴地，双腿屈膝分开，双臂平放体侧。

（2）动作

收腹肌，缓慢挺起腰部，直至只有肩头触地，背部保持挺直 4 秒钟，然后缓慢放下腰部还原，反复做 12 次。

转体运动

（1）姿势

仰卧，右腿屈膝，右脚放在左大腿上，两臂平放体侧，手心向下。

（2）动作

右膝尽量向左摆，反复做 8 次，然后，左脚放在右大腿上，左膝尽量向右摆，反复做 8 次，各重复做 2 遍，摆腿时肩部保持不动，两手位置不变。

13. 踏板操基本技术

基本状况

（1）概念

踏板操，顾名思义就是踏板上的健美操。借助一块高度可调的踏板，通过各种踏上踏下带有转体和跳跃的动作，达到心肺功能的锻炼，因其动感、激情的特点和对女性腿、臀的良好塑体作用，被人们视为经典的健身方式之一，更是一种日益时尚的减肥方法。

（2）作用

踏板操即在踏板上随着动感音乐有节奏地上下舞动，进行健美操的动作和步伐。它具有健美操的所有特点，同时，由于大部分动作是在踏板上完成，所以能更有效地增强心肺功能及协调性。

（3）踏板的规格

练踏板操的踏板一般长 1 米，宽 0.35 米，高 0.08 米。踏板的高度也可以根据运动水平、踏板技术、膝关节的弯曲度而调节，高度越高，练习的强度就越大。

（4）基本的动作

踏板操的最基本动作就是上板、下板，一种叫"基本步"，就是正对着板面上、下板。还有一种就是"侧点步"，转体 45 度上、下板就对了。

踏板操的训练要求每周至少做 3 次，3 个月为一个周期。

板上要领

（1）第一组

①抬腿 1 次　单腿抬高，然后点地，触地时间要短；

②侧踢 1 次　侧展髋部，侧踢的腿要伸直；

③后屈 1 次　上身略前倾，单腿后屈，脚跟尽量往臀部靠拢；

④前踢 1 次　单腿前踢，腿要伸直。

（2）第二组

①抬腿 3 次　参照第一组抬腿 1 次，可以交叉点地；

②后屈 3 次　参照第一组侧踢 1 次；

③V 字步　上板后两脚分立，与下板后的站位点正好形成 V 字；

④分腿跳　在板下分腿跳跃，有点像广播操中的跳跃运动；

⑤葡萄藤步　右脚横向向右迈 1 步，左脚向后退 1 步交叉于右脚后，右脚再从侧边迈 1 步，收回左脚并拢。

每组动作可以进行多种组合，中间用基本步串联。

注意事项

①踏板要平　脚踩踏板要平，并且要踏在板的中心，以防踏板不稳定；

②避免悬空　不要将脚跟抬离踏板，悬空是很容易扭伤跟腱的。

③脚尖着地　下板时脚尖应该先着地，随后脚跟落地，这样可以使身体得到缓冲。

④防止扭伤　膝部不要太僵，而要保持弹性，这也是为了提供缓冲，防止背部扭伤。

⑤注意倾斜　做倾斜动作时，腰部不要倾斜，但脚踝部应该倾斜。

⑥保持收腹　保持收腹的形态，使肌肉处于正常的活跃状态。

⑦均匀呼吸　保持均匀呼吸，不要屏气。

⑧平时锻炼　平时要多锻炼，比如有空多爬爬楼梯，这样可以和节拍很好地配合起来。

14. 哑铃操基本技术

持铃屈肘

（1）姿势

站立，两脚开立与肩同宽，手持哑铃，置于大腿前，拳眼朝外。

（2）动作

上体正直，两肩不动，两臂交替屈肘 20 次至 60 次。练习过程中，腰部不得前后闪动，上臂微贴胸部两侧。

颈后弯举

（1）姿势

站立，两脚开立与肩同宽，手持哑铃正上举，拳眼朝后。

（2）动作

两臂交替向颈后屈肘 20 次至 60 次，向颈后屈肘时，腹部不得向前挺出。

体侧绕环

（1）姿势

站立，两脚开立略宽于肩，手持哑铃，置于胸外侧，手心微向上，且略屈肘。

（2）动作

两臂同时或交替由内向外或内外向内绕环 20 次至 60 次。练习时上体不得随之转动。

体前后屈

（1）姿势

站立，两脚开立略宽于肩，手持哑铃，置于颈后，两肘微向前。

（2）动作

连续做体前后屈 20 次至 60 次。练习时两腿伸直，做体后屈时应挺胸并微展腹。

体侧屈

（1）姿势

站立，两脚开立与肩同宽，手持哑铃，置于大腿外侧，拳眼向前。

（2）动作

连续交替做向左右侧屈体 40 次至 70 次。向左侧屈体时，右臂上举并屈肘，左臂尽量往左小腿部位伸。练习时两腿伸直，腰部不得向前弯曲。

深蹲

（1）姿势

站立，两脚开立与肩同宽，手持哑铃，置于肩上。

（2）动作

连续做下蹲起立动作 30 次至 60 次，下蹲时两脚跟不得离地，臀部靠近脚跟成全蹲姿势。

提踵

（1）姿势

双脚并拢站立，手持哑铃，置于大腿外侧，拳眼朝前。

（2）动作

连续做提踵 25 次至 75 次。练习时动作应伸展，提踵瞬间脚跟离地要高，动作节奏平稳，中速进行为宜。

体绕环

（1）姿势

站立，两脚略宽于肩，手持哑铃，置于大腿外侧，拳眼相对。

（2）动作

连续做由左向右体绕环 10 次至 15 次，再向反方向做体绕环 10 次至 15 次。练习时两腿伸直，直臂，动作幅度逐渐加大。

仰卧扩胸

（1）姿势

屈膝仰卧在凳子上，手持哑铃，置于胸前，拳眼朝后。

（2）动作

连续做直臂，也可以微屈，扩胸动作 30 次至 70 次，练习时以头的枕部、肩背和臀部作为支点。

俯卧展体

（1）姿势

俯卧，同伴压住小腿，单人练习时也可将小腿穿压在肋木格内，手持哑铃，置于颈后。

（2）动作

连续做上体后展再前俯灼动作 10 次至 15 次。练习时可先从徒手开始而后再负重，数量由少到多。上体后展时，应抬头挺胸，同时两肘略向外展，使胸部尽量伸展。

仰卧起坐

（1）姿势

仰卧，同伴压住脚面，单人练习时可将脚面穿压在肋木格内，手持哑铃，置于锁骨部位。

（2）动作

连续做仰卧起坐 15 次至 30 次。每当上体坐起时应尽量向前俯身，后仰时肩背着垫。

仰卧举腿

（1）姿势

仰卧，两腿并拢，哑铃置于踝关节部位。

（2）动作

连续做仰卧举腿动作 20 次至 60 次，也可脚夹重物进行练习。

哑铃侧曲

（1）姿势

双腿弓步站好，收腹，左手手臂向后，让上臂尽量贴近身体，肘关节弯曲，向前曲臂。

（2）动作

做 12 次至 16 次，然后右臂重复相同动作。锻炼部位可以减去手臂外侧的赘肉和脂肪。

哑铃直立侧拉

（1）姿势

直立站好，双脚与肩同宽，收腹，左手拿哑铃，右手扶在颈后，向左侧弯腰。

（2）动作

相反的方向重复相同的动作。锻炼部位能帮助收紧腰部的肌肉。

箭步蹲

（1）姿势

双脚一前一后分开，弓步，前脚脚掌着地，后脚前脚掌着地，后跟跷起，双手垂直拿哑铃。

（2）动作

重心放在后脚，下蹲，前后腿呈 90 度，后腿垂直地面。锻炼部位：可让大腿变得修长结实。

15. 健美体操竞赛规则

健美操竞赛一般分风采赛、组合赛、集体赛三种。在健美操预赛前一天，要进行身体素质测定，对测定不合格者，扣第一项预赛成绩分。

参赛项目与人数

（1）风采赛

男子单人操、女子单人操，参赛人员资格不限。

（2）组合赛

混双操1男1女，3人操性别不限。

（3）集体赛

徒手操、轻器械操，人数5人至8人，性别不限。

（4）竞赛组别

由具体赛事的竞赛规程决定。

（5）更换队员

如有特殊情况需更换运动员时，需持有效证明，经组委会批准方可。

运动员年龄与分组

（1）少年组

小学组7岁至12岁，中学组13岁至17岁。

（2）风采赛

18岁至35岁，运动员可兼报组合赛或集体赛。

（3）青年组组合赛和集体赛

18岁至35岁，竞赛分院校组、行业组、明星组。

健美操竞赛内容

（1）徒手自编套路

指各种符合规则及规程要求的成套动作。

（2）轻器械自编套路

指运动员利用个人能手持移动的器械所创编的符合规则及规程要求的成套动作。

成套动作的时间

计时由第一个可听到的声音开始，不包括提示音，到最后一个可

听到的声音结束。

（1）风采赛

风采赛的成套动作时间为 *1 分 20 秒至 1 分 40 秒*。

（2）组合赛

组合赛的成套动作时间为 *1 分 40 秒至 1 分 50 秒*。

（3）集体赛

集体赛的成套动作时间为 *1 分 40 秒至 1 分 50 秒*。

成套动作竞赛程序

（1）预赛和决赛

风采赛、组合赛和集体赛分为预赛和决赛。

（2）参加预赛

凡参赛队均必须参加预赛，参加预赛的队数决定进决赛的数量。

竞赛违例动作

为贯彻安全无损伤原则，运动员在成套动作的任何时间都不允许出现违例动作。

所有沿矢状轴或额状轴翻转的动作。

所有身体成一直线并高于水平面 *30* 度以上的双手支撑动作，直至任何形式的倒立。

任何马戏或杂技动作。

任何身体抛接动作和器械超过 *3* 米以上的高抛接动作。

违例动作举例如下：体操动作类，如各种滚翻、倒立、桥；各种软翻、手翻、空翻、屈伸起等。

健美体操、舞蹈类，如：挺身跳、劈叉后屈体跳、结环跳、水平旋转跳、鹿结环跳、膝转、颈转、背转、站立后搬腿劈叉等。器械类：大而高的抛接等。

武术动作类，如：侧踹、抽踢等。

16. 健美体操的裁判配备

裁判组的组成

（1）分类裁判

设高级裁判组 *3* 人，裁判长 *1* 人，艺术裁判 *3* 人至 *5* 人，完成裁

判 3 人至 5 人，视线裁判 2 人，计时裁判 1 人，辅助裁判若干人。

（2）基层竞赛

基层竞赛可以不设高级裁判组。

裁判长的职责

（1）学习

组织裁判员学习，指导裁判员赛前工作。

（2）传达

主持技术会议，传达有关竞赛方面的决定，负责解释规则中的主要问题。

（3）指导

指导和检查各裁判组工作，组织身体素质测定。

（4）召集

赛前 5 分钟召集裁判员做好入场准备。

（5）宣告

宣告竞赛成绩、名次。

（6）总结

写出裁判工作总结。

（7）处理

记录评判成套动作，对违反规定的成套动作内容及运动员举止予以减分。

裁判员的职责

（1）评分

要严格依据竞赛规则独立评分。

（2）服从

尊重、服从总裁判长的指挥。

（3）提出

有权用适当方式在适当场合向总裁判长提出意见。

记录长的职责

（1）协助

协助裁判长做好赛前准备工作，检查各种竞赛用表和各裁判组临场工作用具的准备情况；

（2）检查

根据技术会议有关规定，处理弃权、更换运动员的问题，检查各队参赛人员是否符合要求；

（3）登记

负责抽签后各项目参赛顺序的登记工作；

（4）记录

搞好身体素质及身高测量的记录，以供成套动作评分参考；

（5）组织

组织记录员准备和填写各种竞赛用表，将各项目参赛运动员名单通知检录处、报告员、录音员和裁判组；

（6）审核

审核成绩，并提交给仲裁委员会和裁判长；

（7）归档

协助竞赛处编写成绩册，整理各种资料和评分记录，送交竞赛委员会归档。

检录长的职责

（1）全面

全面熟练掌握竞赛程序，全面负责检录工作；

（2）检查

指挥和检查检录员工作，保证运动员按出场顺序参加竞赛；

（2）纠正

检查运动员服饰，发现问题及时给予纠正；

（3）指挥

指挥发奖、开、闭幕式的进退场工作。

视线员的职责

（1）记录

了解竞赛规则，竞赛时观察运动员是否在规定场地内完成动作，对其越出场地的行为予以记录；

（2）送交

竞赛结束后，立即将填写的视线记录表送交总裁判长。

放音员的职责

（1）收存

赛前抽签后，负责收存竞赛用录音带，根据竞赛出场顺序进行编号；

（2）信号

竞赛时根据总裁判长发出的开始信号放音，动作结束时终止音乐；

（3）编号

决赛前录音带按决赛出场顺序进行编号，并将录音带倒至开始部分；

（4）归还

竞赛过程中，不得将录音带转借他人或复印，竞赛结束后及时将录音带归还运动员，不得丢失。

计时员的职责

（1）牢记

了解竞赛规则，牢记各单项竞赛的规定时间和减分标准。

（2）掌握

熟练掌握计时器的性能。竞赛时，运动员成套动作开始时开表，动作结束时停表。双人以上项目以第一个人动作开始开表，最后一人动作结束时停表。

（1）通知

若运动员成套动作时间不足或超过时间，及时通知总裁判长。

报告员的职责

（1）熟悉

熟悉健美操竞赛规则及健美操特点，并具有较好的语言表达能力。

（2）介绍

介绍仲裁委员会成员、总裁判长、副总裁判长、裁判员、记录长。

（3）宣布

宣布竞赛开始、结束、竞赛内容、出场顺序。通知入场和退场。

（4）介绍

介绍健美操基本知识及竞赛特点，适当介绍运动队（员）的基本情况。

17. 健美操竞赛的评分

评分方法

（1）制订评分方法

根据国际体操联合会关于健美操运动的评分方法和要求，考虑到普及健美操的创编原则，并使之具备健身运动的特色，制订普及健美操评分方法。

（2）精确评分标准

竞赛采取公开示分的方法，裁判员评分精确至 0.1 分，运动员最后得分精确至 0.01 分。

（3）评分最后结果

最后得分为最后艺术分与最后完成分的和，减去裁判长减分及视线减分后所得分。

名次评定

（1）名次排列

预赛成绩不带入决赛，决赛中得分高者名次列前。

（2）排列顺序

若得分相等，名次将按顺序取决于下列标准：最后完成分、最后艺术分、考虑全部完成分（不除去最高分与最低分）、考虑三个完成最高分、考虑两个完成最高分、同样适用于艺术分。

艺术评分

每名艺术裁判的分数是对艺术编排的每项内容进行评分的总分，满分为 10 分，去掉最高分与最低分，所剩分数的平均分为最后艺术分。

（1）成套动作编排 4 分

①动作内容　成套动作编排是指成套动作的内容，包括操作动作、过度与连接、配合与托举、队形空间的合理分布及独创性；

②伦理道德　为确保奥运的理念和评分伦理道德，成套动作中禁止以暴力、枪战、宗教信仰、种族歧视与性爱为主题。要体现健身、健美、健心的原则、观赏性的原则、全面发展身体素质的原则、安全无损伤的原则；

③动作特点　成套动作设计应以操作动作或器械使用为主，在融合现代舞蹈、武术、芭蕾等其它项目的动作时，必须符合健美操运动的动作特点。成套动作中不允许出现任何明显地显示其它项目特征的动作或静止造型，如芭蕾、健美、搏击等；

④动作要求　组合赛和集体赛成套动作要求有 3 次托举动作，多于或少于 3 次托举的每次由裁判长减 0.5 分。托举的高度不能超过两个人高的高度，超过高度算违例托举每次由裁判长减 1.0 分；

⑤难度动作　在成套动作中出现难度动作时，只把这个动作视为一个普通的动作素材，没有任何加分因素。风采赛中出现超过 0.5 分以上的 3 个难度或组合赛、集体赛中出现超过 0.3 分以上的 3 个难度动作，每出现一次由裁判长减 0.2 分；

⑥富有创意　全部成套中的动作内容，即操作动作、过度、连接、配合与托举、队形变化或器械使用必须表现出多样性。动作与动作的连接必须表现出自然、动感、灵活和具有创意；

⑦动作设计　轻器械自编套路的操作动作设计要突出器械的特点和动作的规范性，对器械属性运用的充分与合理性，必须表现出器械的趣味性和锻炼价值；

⑧反映主题　成套动作允许运动员同时或依次使用同种或不同种器械（不超过 3 种），但几种器械的使用应在某种意义上有一定的联系，并反映一定的主题。

（2）评分依据

成套编排的评分取决于下列因素：

①有独创性　操作动作或器械使用应均匀地分布在成套动作中并具有独创性，徒手或轻器械的操作动作应包含表现健美操项目特色的步伐组合；

②衔接自然　基本步伐和动作组合的衔接应是动感、流畅和自然的；

③互相转换　灵活和流畅的空中与地面的互相转换；

④停顿规定　运动员可以同时或依次做动作，但在完成动作时，任何一名运动员停顿不允许超过 1×8 拍；

⑤配合动作　成套动作中至少应出现 2 次以上的运动员之间的动

力性配合动作；

⑥托举数量　成套动作中托举的数量不得多于 3 次；

⑦设计巧妙　动力性配合动作要求设计巧妙，造型优美，完成流畅，体现多样化和趣味性，富于观赏价值；

⑧融为一体　成套动作中的托举动作从准备至形成，再连接其他动作应流畅自然地与成套动作融为一体；

⑨违例动作　托举动作时不允许出现违例动作；

⑩器械传递　成套轻器械自编套路至少出现 2 次以上的器械传递；

⑪一定联系　成套轻器械自编套路托举动作时应与器械有一定的联系，包括开始和结束的造型；

⑫不同队形　成套动作中至少有 6 个不同的队形；

⑬各个位置　成套动作必须有效地、充分地和均衡地使用场地中央与四个角等各个位置；

⑭弧形路线　运动员在竞赛中移动方向应能够表现出前后、左右、对角及弧形路线等；

⑮空间变化　成套动作中至少出现 2 次以上高、中、低的空间层次变化。

（2）成套动作创意与风格 2 分

①主题特征　成套动作应具有创意，动作风格应与音乐风格相吻合，并表达出一定的主题特征；

②动作内容　成套动作必须包括 7 种健美操基本步伐：踏步、开合跳、吸腿跳、踢腿跳、弓步跳、弹踢腿跳、后踢腿跑及其变化形式，且每种步伐至少出现 2 次；

③动作变化　手臂动作或器械组合要体现多样性、不对称性和创新性；

④协调能力　成套动作中应充分展示身体各部位的协调能力；

⑤准确及时　允许依次或同时使用多种器械，器械允许放在场外，使用或更换场外器械时，运动员除手以外的任何部位不允许出界，且更换的动作必须流畅、准确及时；

⑥人持器械　在成套中允许一位或多位运动员持器械，其他运动员徒手，如：1 位运动员持 6 个器械，其他 5 位运动员徒手；

⑦安排不均　7种基本步伐在成套动作中安排不均匀减0.2分，成套动作设计中必须包括7种健美操的基本步伐，每一种步伐应至少出现2次，每少1次减0.1分，最多减至0.5分；

⑧方向变化　成套动作中每2×8拍动作应至少出现1次方向或面的变化，否则每次减0.2分；

⑨器械更换　允许依次或同时使用多种器械，但器械的更换时间不得超过1个8拍，否则每次减0.2分。

（3）成套动作音乐2分

①音乐剪接　成套动作的音乐剪接应流畅、自然、完整。成套动作的音乐剪接应流畅、自然、完整。否则减0.5分；

②音乐选择　选择的音乐应与成套动作的风格协调一致并有利于表现运动员的技术和个性特点，选择的音乐应与成套动作的风格协调一致，否则减0.5分；

③音乐制作　音乐制作应是高质量的，"效果音"应适量并与动作协调一致。音乐制作应是高质量的，效果音应适量并与动作协调一致，否则减0.5分。

（4）成套动作表现力2分

成套动作的设计必须符合年龄特点，能使运动员通过成套动作展示出表演技巧和创造性；

①动作完美　运动员必须通过高质量的动作完成给人留下干净、利落的印象。运动员必须通过高质量的动作完成给人留下干净、利落的印象，否则减0.1至0.3分；

②体能动感　运动员必须表现出体能和动感，而非喊叫或歌唱。必须通过自然和欢乐的面部表情来表现自信，而非艺术化或夸张的面部表情。运动员必须表现出体能和动感，以及健康、阳光的精神风貌，否则减0.1至0.3分；

③表演价值　运动员必须表现出所借助器械在成套动作表演中的价值，做到人与器械的和谐、完美。运动员在完成动作时应由内而外地展示出热情、活力与自信，否则减0.1至0.3分。

完成评分

（1）基本要求

每名完成裁判的分数是对偏离完美完成的每项内容进行减分后的得分，起评分为10分。去掉最高分与最低分，所剩分数的平均分为最后完成分，完成裁判的评分因素有技术技巧、强度、合拍、一致性等。

基本步伐要求：

①踏步　传统的低强度步伐，要求以脚尖过度到脚跟落地圆滑；

②后踢腿跑　相对于踏步是高强度动作，要求髋和膝在一条线上，脚在后；

③弹踢腿跳　低的膝关节和髋关节运动、伸展要有控制，高强度；

④吸腿跳　上体正直吸腿，膝关节至少90度，脚尖伸直，正确的落地技术；

⑤踢腿跳　支撑腿可轻微弯屈，踢起腿必须伸直高强度；

⑥开合跳　分腿时，髋部外开，膝关节在同方向弯屈；并腿时，脚可平行落地或外开落地，动作不可突然，要有控制，落地必须缓冲；

⑦弓步跳　上体，即重心必须在两腿之间，脚向前和平行，不能外翻，膝关节在主力腿的脚上面；

⑧器械运用　器械运用要求对器械属性的熟练运用、注意使用器械时的高度、强度、方向与面的控制。

（2）裁判评分

完成裁判的评分是对所有动作的完成情况进行评分，对于偏离完美完成的动作予以减分。完成裁判对以下错误情况予以减分：

①小错误　指稍偏离正确完成，每次减0.1分；

②中错误　指明显偏离正确完成，每次减0.2分；

③大错误　指较严重偏离正确完成，每次减0.3分；

④严重错误　指严重偏离正确完成，每次减0.5分；

⑤失误　指根本无法达到动作技术要求，无法清晰辨认身体位置，失去平衡等，每次减0.5分。

（3）技术技巧

技术技巧指身体的姿态和技术规范的评判，全部动作必须表现出正确的身体形态与标准位置，器械使用的充分与合理性。

①位置　不正确的身体形态与标准位置，最多减至0.5分；

②落地　落地技术不正确，每次减0.1分；

③控制　动作无控制，每次减0.1分；

④方向　器械所表现出的形状或方向与其他运动员的不一致，每次减0.1分；

⑤碰撞　操作动作时一位运动员的器械与其他运动员发生意外碰撞，每次减0.1分；

⑥失手　操作动作时，运动员的器械在挥摆过程中失手但马上接住，每次减0.1分；因动作失误掉器械原地捡起器械，每次减0.1分；移动2至3步捡起器械，每次减0.3分；大移动捡起器械，每次减0.5分；

⑦破损　操作动作时，器械出现破损，每次减0.5分；

⑧脱离　因动作失误器械脱离于界内，运动员不拣起判为失去器械，减0.5分。

（4）动作强度

①动作强度　动作强度是以最高质量完成动作的能力，展示通过完成提升创编的效果，评分取决于下列因素：

动作的频率　动作停顿，单位时间内重复次数少是强度低的表现，如音乐节奏慢。

动作的速度　动作慢，单位时间内移动的距离短是强度低的表现。

动作的幅度　动作小，单位时间内转动度数少是强度低的表现。

动作的力度　爆发力与耐久力。

②减分因素　动作强度的减分因素：

低水平状态　在2×8拍的时间内动作频率、速度及幅度一直处于低水平状态，每次减0.1分。

降低了强度　在完成成套动作过程中有4处至5处动作降低了强度，减0.2分。在完成成套动作过程中有6处至7处动作降低了强度，减0.3分，在完成成套动作过程中有一半动作降低了强度，减0.4分。

降低了难度　在完成成套动作中有一半以上动作降低了难度，减0.5分。

（5）动作合拍

①合拍能力　是伴随音乐结构和节拍同步动作的能力，评分取决于下列因素：

吻合程度　动作内容与音乐结构的吻合程度。

同步效果　动作节拍与音乐节拍的同步效果。

和谐统一　动作韵律与音乐旋律的和谐统一。

②合拍减分　一名或几名运动员的动作每出现一次与音乐节拍不相符，减0.1分，全套动作最多减至0.5分。

（6）动作一致性

①整齐划一　一致性是指运动员完成动作整齐划一的能力，评分取决于下列因素：

范围强度　运动范围与运动强度的一致性。

表演技巧　所有运动员表演技巧的一致性。

器械运用的一致性。

②减分标准　一致性减分，限于组合赛和集体赛：

落地　集体中一名运动员落地或出手比其他运动员早，每次减0.1分。

转体　集体中一名运动员转体比其他运动员早或稍微失去控制，每次减0.1分。

腿跳　集体中一名运动员在腿跳时角度不同，每次减0.1分。

位置　器械位置的高度、方向或面不一致，每次减0.1分。

处罚种类

在竞赛中或竞赛前后，如出现运动员无故弃权、罢赛、罢奖及不服从裁决的行为，经仲裁委员会多数人的同意，可对该运动员（队）进行如下处罚。

（1）弃权

赛前技术会之后无故不参加竞赛者称为弃权，对决赛弃权者将扣其所在队团体总分50分，若在抽签后弃权扣100分。

（2）罢赛

抽签后，运动员由于某种原因拒绝参加竞赛称罢赛，对罢赛者将扣除其所在队团体总分。

（3）罢奖

拒绝受奖或颁奖后弃奖退场称罢奖。对罢奖者将取消其所在队的团体总分。

（4）不服裁决

对不服裁判员的裁决或指挥，严重影响竞赛进程，造成极坏影响者，将立即取消竞赛资格，并扣除其所在队团体总分100分。

（5）其他

参加单项竞赛的运动员如有弃权、罢赛、罢奖及不服从裁决的行为，将取消其所得名次，同时取消参加其他项目竞赛的资格。

评分程序

（1）发出信号

裁判入场后在指定的裁判席上就坐，总裁判长确认各裁判员做好竞赛准备后，即发出竞赛开始信号。运动员看到或听到出场信号后出场，向总裁判长举手示意，即可进行竞赛。裁判员应集中注意力，观察运动员所做的动作。

（2）独立评分

裁判员依据规则规定和要求，对运动员所做的动作进行独立评分，为了能准确地记录下运动员完成动作情况，一般采用符号记录的方法速记。

（3）填写表格

当运动员结束动作后，裁判员应迅速准确地根据记录情况计算出对运动员的评分，并将分数填写在《评分表》内。

（4）排列名次

每个单项结束后，总裁判长将每位裁判员的《评分表》收回，记录处对每个裁判员的评分进行统计计算，参照总裁判长减分表的记录，计算出运动员的得分，并按成绩排列名次。

减分因素

（1）时间

成套时间不足或超过减0.2分。

（2）出场

运动员在开赛叫到后20秒不出场，减0.5分。运动员在开赛叫到后60秒后不出场视为弃权。

（3）着装

运动员的着装仪容不符合规定，减0.2分。

（4）掉物

运动员竞赛时掉物或装束散落，减 *0.2* 分。

（5）线外

运动员竞赛时身体或器械触及线外地面，每人次减 *0.1* 分。

（6）级别

违反难度级别或数量规定，每次减 *0.2* 分。

（7）器械

因动作失误器械脱离于界外运动员不捡起判为失去器械，减 *0.5* 分。

（8）数量

超过托举的数量，每次减 *0.5* 分。违例托举，每次减 *1.0* 分。

（9）违例

违例动作，每次减 *1.0* 分。

（10）超过

器械种类超过 *3* 种，减 *1.0* 分。器械超过 *3* 米以上的高抛接动作，减 *1.0* 分。

（11）伤害

任何伤害到其他运动员的器械使用，减 *1.0* 分。

特殊情况

（1）音乐

播放错音乐；由于音响设备出现的音乐问题。

（2）设备

由于设备问题而出现的干扰，如灯光、舞台、会场等。

（3）异物

其他任何异物进入竞赛场地。

（4）弃权

运动员责任外的情况而引起的弃权。

运动员在遇到以上情况发生时，应立刻停止做动作，成套动作结束后提出的抗议将不被接受。根据裁判长的决定，运动员在问题解决后可重做，原先分数无效。上述情况以外的问题，将由高级裁判组视情况而定。高级裁判组的判定为最后决定。

18. 健美体操的注意事项

在健身场所内，健美操项目深受欢迎。做健美操要想取得理想的锻炼效果，必须科学地安排练习时间与次数，并注意运动卫生。

注意危害

（1）不盲目锻炼

盲目锻炼，危害很大。高强度的健美操加上较大音量的音乐，可能损害运动者本人的内耳功能，引起眩晕、耳鸣、耳内胀痛以及对高频率声音的听力丧失等恶果。据专家介绍，重复的刺激运动会使内耳中一些被称作耳石的结构松脱。一旦耳石脱落离开原来的位置，便不会重新返回，因而继续将错误的信息传给大脑，加上伴奏音量过大，更加促成了这一恶果的产生。

（2）健身后遗症

一些保健医生发现，不少女性运动员趋于男性化，长出胡须甚至胸毛。究其根底在于过度进行举重锻炼等力量性练习项目，导致了雌性激素大量丧失。

常做器械操的女性，诸如举重等负重运动，对骨盆产生巨大压力，可造成会阴部肌肉松弛和脆弱，严重者引起子宫下垂或脱出、大小便失禁等，谓之健身后遗症。后遗症会使人很长一段时间都不舒服。

合理练习

（1）要多做平衡操

方法是面墙站立，双脚并拢，挺腰直背，两眼平视前方，双手前伸，手掌紧贴墙壁，弯曲两肘，全身做一前一后的运动，每天做 8 次至 10 次。

（2）选好锻炼项目

女性的着重点应放在练形体上，因此以平衡操、健美操、仰卧起坐等项目为首选。此外，还应考虑现在的体型，如瘦高者多做投掷、器械操、篮球操等，矮胖者多练练跳远、短跑、单杠、引体向上，至于游泳、跳水、跳绳等，无论哪种体型皆宜。

（3）掌握强度时间

①选项　一般根据自身体质和特点选项，不要盲目效法别人，举

重等高负荷运动应尽量少参与，伴奏的音量也不要过强；

②作用　进行健美操练习，可根据自己的工作、学习情况及生活习惯，安排在早上、白天或晚上。其中以下午 15 时至晚上 20 时这段时间为最好，因为在这段时间内，体力比较旺盛，另外工作之后进行锻炼也可以起到消除疲劳的作用；

③安排　每星期安排 2 次至 3 次，每次 1 小时至 2 小时，如在饭前练习要休息半小时才能用餐，饭后练习则要休息 1 小时以上才能进行。晚上练习，要在临睡前两小时结束，以免因过度兴奋影响入睡。

注意卫生

（1）准备活动

做健美操前应先进行准备活动，使身体发热，提高神经系统的兴奋度。因为，人体从安静状态进入运动状态需要克服内脏器官的生理惰性，开始运动应逐渐加强，这样，血液循环和气体交换才能逐渐得到改善；新陈代谢才能逐渐旺盛，使关节、肌肉、韧带的柔韧性和灵活性增强，既可以防止损伤，又可以使肌体作好机能上的准备。

（2）整理活动

练习完毕，要做整理活动，使运动时流入肌肉中的血液慢慢流回心脏，机体逐渐恢复平静状态，紧张的肌肉得到舒展放松。运动后洗热水澡，能使全身感到舒适、精神焕发，精力更加充沛。

热身运动

（1）时间控制

天气较暖时，身体容易活动开，热身运动的时间可短一些，天凉时，活动时间要稍长些。通常情况下，热身运动的时间应控制在总锻炼时间的 20% 左右，做到身体感觉发热为宜。

（2）强度控制

在健美操锻炼时，要根据自身的体质和运动负荷的承受能力，适当安排运动时间、强度。勉强锻炼，不仅不利于健身，反而会给身体带来不良影响。

放松运动

通过放松运动可使心脏较快地恢复到正常工作状态，可促进整个机体较快地得到恢复，还能加速乳酸的消除，可避免肌肉充血、僵硬。

注意饮食

（1）饮食时间

参加健美操锻炼，必须注意运动前后的饮食卫生。一般，进食后需间隔 1.5 小时至 2.5 小时才可进行健美操锻炼。因为，在进食后的一定时间内，胃中食物充盈，横膈膜上顶，会影响呼吸，而且此时运动还会使消化器官的血液供应减少，机能减弱，这不仅影响食物的消化，还易引起腹痛、呕吐等不良反应。若饭后休息时间短，则食量可少一些。

（2）饮食要求

原则上应是运动前的一餐食量不宜过多，并且应吃一些易于消化，且含有较多糖、维生素和磷的食物。同时应尽量少吃含脂肪、纤维素及刺激性、过敏的食物，因这类食物所需的消化时间相对较长。总的来说，糖类是最易消化的，蛋白质次之，脂肪是最难于消化的。而运动后，则应休息 30 分钟以上再进食。

合理饮水

（1）饮水原则

健美操锻炼时，一次性大量饮水对身体不好。因为大量水分骤然进入体内，会使血液稀释、血量增加，这样会增加心脏的负担。此外，大量的水进入胃中，由于不能及时被机体吸收，就会造成水在胃中存留，稀释胃液，影响消化。若大量饮水后继续运动，水在胃中晃动，则会使人不舒服，容易引起呕吐。所以，锻炼中的饮水应以"少量、多次"为原则。

（2）饮水数量

一般在开始运动前 10 分钟至 15 分钟，可饮 400 毫升到 600 毫升水，以增加体内水的临时储备，而运动中也可每 15 分钟至 20 分钟饮 100 毫升至 150 毫升水。这样既可以随时保持体内水的平衡，较好地维持运动中的生理机能，又不会增加心脏和胃的负担。同样，运动后饮水也应遵循"少量、多次"的原则。

第三章

技巧体操运动的竞赛与裁判

1. 技巧体操的概述

基本状况

（1）概念

技巧运动是体操运动中一项富有艺术性的独立项目。它是徒手完成的优美的、千姿百位的身体造型，可以单人做、双人做，也可以3人、4人或更多的人在一起做。内容丰富、形式多样，不受场地和器材的限制。

技巧是具有较高观赏价值的竞技体育项目，是竞技性体操项目之一。优美动听的音乐、风格各异的舞蹈、眼花缭乱的造型和空中翻腾将组合成独特的竞赛表演，使人们得到一种高雅优美与惊险动人相结合的艺术享受。

（2）特征

技巧运动是由翻腾、抛接、平衡、舞蹈等动力性、静力性动作组成，是以徒手完成身体造型的体育运动竞赛项目。技巧一词源于希腊语"伶俐"，即指完善掌握纵跳、平衡和力量的人、它恰当地概括了技巧动作的特征。

①表演艺术　技巧体操也可说是一项型体动作的表演艺术，技巧体操是惊与险的较量，优与美的享受。运动员努力追求动作中的美感与动感，那就是怎样可以把动作做得更精彩、更漂亮；

②融为一体　技巧体操巧妙地将音乐、舞蹈、体操及马戏班的杂技动作融为一体，发挥得淋漓尽致；

③体育活动　技巧体操也是一项俱有教育效益的体育活动，从训练中的纪律与操守、从教学过程中学习技巧体操的知识及正确地掌握技术、从队员与队员之间及教练与运动员之间合作性、协调与默契等均可培育出运动员那种自信、勇敢与奋斗的个性。从而达致德、智、体、群、美的教育理想。

历史发展

（1）欧洲盛行

大约在4000年前埃及便有了技巧动作。古罗马的江湖艺人也曾进行

过技巧动作的表演。18 世纪末叶，欧洲盛行马戏，在许多马戏节目中，技巧是表演内容之一，后来被引入体操之中。

（2）古代流行

在中国古代体育活动中，有一类独特的运动形式，这就是技巧。秦汉之际，这一运动形式已经成为统一封建大帝国精神文化形态之一的"乐舞百戏"艺术的主要内容。从范围上讲，这种技巧运动形式的主要项目有筋斗、倒立、柔术、戏车、戴竿、绳技等，其中许多项目都需要高度的身体技巧。南北朝时出现了 1 人体后屈成桥，另 1 人在其腹上做倒立的双人技巧动作。唐宋时代，叠罗汉和翻跟头已在民间广泛流传，并出现了燕式鱼跃滚翻等动作。清代还出现了许多抛接动作。

不过，传统的技巧动作都是和杂技、戏曲、武术结合在一起的，现代技巧运动的出现，则是近几十年的事。

（3）中西结合

现代器械体操创始于德国杨氏，他被人称作"德国国民体操之父"，并于 1812 年创造了单杠、双杠、木马等器械。现代竞技体操的整体是由国外传入的，但其中部分项目却是我国固有的，尤其是技巧艺人所创造的高难度动作以及丰富的练功经验，都成为现代竞技体操训练的宝贵财富。因此，作为一种发挥身体潜能的运动方式，技巧运动为中国古代体育增添了新的内容，同时也为现代体育的发展奠定了扎实的基础。

（4）现代发展

1932 年，在美国洛杉矶举行的第十届奥运会上，技巧运动被列为竞赛项目。1973 年，国际技巧联合会成立。第一届世界技巧锦标赛于1974 年在苏联举行，此后，每逢双数年份举行一次世界技巧锦标赛。另一个大型世界性技巧竞赛是技巧世界杯赛，每逢单数年份举行。

2. 技巧体操的竞赛设施

场地设施

（1）跑道标准

单人项目在专门的跑道上做动作，助跑道 10 米，翻腾地道 25 米和落地区 5 米。翻腾跑道宽 170 至 200 米，高 0.1 米至 0.2 米，落地区

长5米，宽4.5米至5米，高0.2米至0.3米，落地区由垫子与一层覆盖物组成。

翻腾跑道和落地区划一条0.05米宽的中轴线和边线，使竞赛区成为30米×15米，边线的宽度包括在场地尺寸内。不附加垫子。

（2）中线设置

竞赛区正中有一条长30米、宽0.1米的中心线，要求运动员在一条直线上完成动作，中间不得停顿或往返。

（2）赛场标准

双人、3人与4人项目在12米×12米的地毯或竞赛台上进行。若竞赛规模较大，可安排两块12米×12米的竞赛场地，其间距不得小于2米。

音乐选择

（1）音乐伴奏

技巧体操有男子单人、女子单人、男子双人、女子双人、混合双人、女子3人、男子4人等7个项目。除男、女单人和男子4人第1套动作外，其余项目在竞赛中都有音乐伴奏。

（2）根据特点

技巧体操的不同动作，将由不同的音调、力度、旋律、音速予以表现，选择伴奏曲时，根据技巧体操的动作特点，选择合适的音乐。

①走步动作　配以不同的力度和音速的进行曲，跑步常用小快板，如柔软跑；

②动作幅度　幅度小、干脆用力的动作，音乐多用2/4拍。同时配以轻快、跳跃感如快板的音乐，速度稍快，节奏明显的动作，伴奏时两拍可作为动作的拍；

③踏跳步伐　练习幅度较大，伸展柔和的抒情连贯的动作，可配以3/4或4/4拍的音乐，突出抒情、圆润、连贯、流畅的特点；

④连贯动作　速度稍慢而连贯的动作，可2拍或4拍做一个动作。中速较连贯的动作，多用4/4拍，两拍音乐做一个动作，如移重心加上手臂的摆动环绕练习。慢速幅度达的动作，多用快板；

⑤大的动作　腾空、大跳、大抛等动作，多配以力度较大，宽广向上的音乐。快而突然的动作，音乐注重活泼、快速、力度对比强的

音乐；

⑥强烈动作 紧张强烈的动作，音乐也要最紧张；动作完成放松，音乐也要最弱。激烈而突然的动作要用不连贯的节奏、断奏的音乐。动作节拍完整，音乐也不要用单拍。动作速度发生变化时，音乐要随着速度的快慢而渐快渐慢相应变化，肌肉的紧张程度发生变化时，音乐伴奏的力度也要相应的发生变化，随之渐强渐弱。

总之，动作要与音乐的呼吸相配合一致，以共同表现出动作韵律、节奏，使操有音乐的情绪美，音乐有操的流动感，以充分突出形体优美的表现力。

服饰装饰

（1）服饰原则

①舒适 在衣着装束方面，如果有条件应该选用专门的体操服饰，如果没有专用服装，则要选择质地柔软、弹性好、透气性强的服装，这类衣服穿着舒适，便于活动；

②整洁 除此之外所穿衣服必须是整洁干净的，这将体现出一个人的精神面貌。另外，选择衣着尽量做到美观、大方、合体，这样会让人充满自信、精力充沛，更便于在健美操表演中展现与众不同的魅力和风度。

（2）竞赛着装

①女运动员 竞赛时要求女运动员身着一件套泳装式健美操服，前后可有开口，但上下端要在同一处合拢，服装遮体恰当、紧身，必须着裤袜；

②男运动员 身着一件套的连衣裤或背心、短裤，内穿紧身的三角裤。

（3）发式原则

对于发式的选择，应该以简洁大方为原则，长发最好束于脑后，不让其遮挡视线还可给人以美感。在锻炼时，身上不要戴各种装饰物如手链、耳环等，以免给练习带来不便。

（4）其他原则

鞋袜的选择也是十分关键的，鞋子要选择大小合适、柔软性、弹性、透气性都很优良的运动鞋，不能穿厚底鞋和高跟鞋。鞋子松紧程

度以感觉舒适为最佳，太紧会影响下肢的血液循环。袜子应以纯棉质地最佳，适合健美操锻炼时穿用。

对于集体项目，运动员服装应协调或一致。运动员化淡妆，女运动员须剃腋毛。运动员都必须佩戴号码牌。

3．技巧体操的基本技术

翻腾动作

（1）概念

技巧体操的翻腾动作是身体有支撑的完全和不完全的翻转动作，包括滚动、滚翻半手翻、手翻和空翻等。翻腾动作可以单人做，也可以双人或多人共同完成。

（2）要领

技巧的平衡动作是单人、双人或多人保持一定的姿势，维持平衡的动作，包括：

①单人　单人练习的倒立、劈腿；

②双人　双人练习的倒立的扶持。扶持是"上面人"在"下面人"的扶持下做的各种静止姿势，如站在大腿上，手上、肩上的平衡，下面人以单手或双手托举上面人成仰、俯平衡等；

③多人造型练习，包括3人、4人或更多的人在一起完成的造型动作。

抛接动作

（1）要领

技巧体操的抛接动作是下面1人或2至3人将上面人抛起，上面人落地或落在同伴身上的动作。

（2）要求

速度要迅速，动作要灵敏，姿势要优美，上下要协调。

平衡节拍动作

技巧运动中两个重要组成部分是平衡和节拍。运动员在一个12米的正方形场地上熟练运用这两方面的技巧，同时配合使用舞蹈、翻筋斗和体操等其它方面的技巧。

（1）平衡的动作

平衡就如该词本身表达的意思一样。每个称为"底座"的表演者构成一个位置，它可以是任意一个位置，也可以是其他人所支撑的一个位置；而称为"顶点"的表演者位于底座的最高处，并保持一种平衡的姿势。还可以是站立在底座表演者的肩膀上，也可以在底座表演者的手臂上表演单手倒立。这种类型的位置变动对表演者的控制、平衡以及力量的要求都非常高。此外，顶点表演者必须信任底座表演者。

（2）节拍的动作

节拍涉及到空中表演的任何动作，例如翻筋斗，空中飞行，空中翻转和重新抓住秋千。同样，技巧运动中的底座表演者将顶点表演者抛向空中，顶点表演者完成直体翻滚和曲体翻滚动作，然后落到场地上或者同伴的手掌上。当观众观看这种表演时，他们会感觉非常兴奋，并且想知道顶点表演者是如何克服重力在空中飞行的。

（3）动作的组合

那些技艺娴熟的杂技演员将有机会完成组合动作，也就是平衡和节拍的组合，以便确认哪些表演者是最棒的全能选手。

滚翻动作

（1）要领

竞技体操动作的基本术语之一。指身体的某些部位依次支撑地面或器械，并经过头部的翻转动作。从方向上有向前、向后、向侧滚翻。

（2）形式

从动作形式上有团身、屈体和直体滚翻。如：技巧团身后滚翻、屈体后滚翻；双杠挺身后滚翻等。滚翻是技巧运动的最基本动作之一，自我保护时往往采用滚翻动作。

手翻动作

（1）要领

竞技体操中常用的基本术语之一。指用手或头、手支撑地面或器械经头部翻转的动作。从方向上有向前、向后、向侧的手翻。如：技巧后手翻、跳马前手翻等。

（2）要求

手翻是技巧运动的基本动作，经常被用于连接动作上。如：侧手翻内转体90度接后手翻又接直体后空翻或空翻两周等。

前滚翻动作

（1）要领

蹲撑，蹬伸脚、膝，同时屈臂、低头、含胸，经头的后部、颈、背、臀依次触垫前滚，当滚过背时，两手迅速抱小腿紧贴上体，成蹲撑姿势。

（2）要求

前滚时所经部位要按顺序依次触垫，屈膝、抱腿跟上体要协调一致同时完成。

（3）难点

蹬伸前滚时有短暂直腿过程，团身滚动圆滑。

（4）口诀

屈臂低头脚后蹬，颈、肩着地腿直伸，手抱小腿前下压，胸靠大腿体紧跟。

（5）练习

①第1步　先做屈伸滚动，由坐撑，上体后倒收腹举腿，腿举至地面垂直时，向上伸展腹部，便臀部随之抬高，经不停顿与地面垂直前倒，屈膝抱腿跟上体成蹲撑；

②第2步　蹲撑开始的前滚翻成并腿坐，体会动作中直腿过程。

（6）错误

团身不紧。可多做团身向前、向后滚动练习，要求低头，大腿紧靠胸部。

（7）变化

前滚翻直腿起；前滚翻交叉腿转体180度；前滚翻分腿起。

侧手翻动作

（1）要领

侧向站立，两臂侧平举开始，侧举左腿然后着地屈膝。同时身体左侧屈下压，蹬伸左膝、踝关节，摆右腿，左手撑地，右臂压右耳至右手撑地，在倒立部位经一个分腿倒立过程，接着推开左手，右腿从侧落下，推开右手，左脚落下身体侧起，成分腿开立、两臂侧平举姿势。

（2）要求

蹬地摆腿快，髋部打开。

经手倒立时立腰、顶肩、腿分大。

整个动作依次协调完成。

（3）难点

整个动作过程要保持身体与地面垂直，手脚落点成一条直线。

（4）口诀

上体侧倒，摆蹬有力，依次撑手，分腿倒立，推手控腿，侧翻成立。

（5）练习

①第 1 步　把动作分成倒立前、后二部分来教，帮助其侧起至分腿倒立和帮助其落地至分腿开立；

②第 2 步　在地上划一条直线，要求练习者脚、手落点保持在直线上。

（6）错误

没有经分腿手倒立，造成肩前冲，可在同伴帮助下正面做摆起分腿手倒立。手脚落地不在一直线上，可坐在垫上画一条直线做侧手翻。

（7）变化

正面做侧手翻；侧手翻内转 90 度；侧手翻外转 90 度；助跑侧手翻。

俯平衡动作

（1）要领

由直立姿势开始，单腿慢慢后举，上体前屈；当后腿举至最大限度高位时，挺胸抬头，成单腿站立、两臂侧平举的平衡稳定姿势。

（2）要求

先举腿后上体前屈，用脚掌和脚趾调整稳定重心平衡。

（3）难点

上下腿伸直，后腿膝关节要高于肩。

（4）口诀

右腿伸直肌肉紧，右脚脚尖稍外面，挺身前倒髋后移，臂腿后举形如燕。

（5）练习

①第1步　可扶把杆或肋木练习；

②第2步　踢腿练习要放在动作教学开始前。

（6）易犯错误

未抬头挺胸，姿态不美，可对着镜子练习。

（7）变化

单膝跪平衡。

跪跳起动作

（1）要领

由跪立姿势两臂上举开始，含胸收腹两臂后摆，紧接前摆，同时伸膝展髋、摆动手臂制动，收腹提膝脚离地，落下成蹲立姿势。

（2）要求

两臂的摆动与髋关节弹性屈伸协调配合。摆臂，伸腰，小腿、脚背下压同时发力。

（3）难点

动作配合协调，腾空高，落地稳。

（4）口诀

上体前屈臂后举，前上摆臂体抬起，两脚压垫腿上提，腾空刹那脚落地。

（5）练习

摆臂、伸腰、制动手臂练习。

女生可在两人保护帮助下逐步过度练习。

（6）错误

摆腿、展髋和腿下压配合不协调，可做由跪立开始，做摆臂、展髋和腿下压的协调配合。

（7）变化

跪跳起的各种转体。

肩肘倒立动作

（1）要领

由坐撑姿势开始，上体后倒，收腹举腿，翻臀；当脚尖至头部垂直上方时，两臂在体侧下压，腿向上伸，髋关节充分挺开，臀部收紧，

当背部大部分离地时，屈、夹肘，用手的虎口顶住背，使动作停止于肩肘倒立位置。

（2）要点

收腹举腿要翻臀，伸腿应沿眼睛垂直方向。

倒立部位时髋关节夹紧，挺开。

（3）难点

垂直、稳定一次伸到位。

（4）口诀

后滚臀上翻，手撑腰背间，夹肘上伸腿，挺开腹和髋。

（5）练习

①第1步　坐撑，后倒收腹翻臀脚向上伸展练习；

②第2步　手臂下压，撑手练习。

（6）错误

两肘内夹不明显，可在提拉或帮助下进行。

（7）变化

肩肘倒立落下接前滚翻或前滚翻直腿起，向后可做经单肩成跪撑平衡和经胸滚成俯撑动作。

头手倒立

（1）要领

由蹲撑姿势开始，双手体前撑地与肩同宽，手推撑提背重心前移，用头的前额上部，在支撑手前约等边三角形顶处撑垫，颈部硬直。脚稍用力蹬地，使臀部高提，重心放置于等边三角形中心，收腿成一屈腿，由头手组成的平衡状态，这时两肘夹紧固定，身体由屈向上慢慢伸展至倒立位置。

（2）要求

头与手的支撑面要呈近似等边三角形。手臂夹肘用力要有控制，争取使重心一下子到垂直部位。身体由脚带动腹部向上伸展。并注意调整手用力维持平衡。

（3）难点

蹬地力小，身体垂直，立得稳定。

（4）口诀

头手距离同肩宽，肘收头撑额上方，臀至垂直腿摆蹬，并腿紧腰直伸髋。

（5）练习

①第 1 步　分腿屈膝架于支撑肘关节上的支撑练习；

②第 2 步　撑手，提臀，放头练习；

③第 3 步　对墙的完整动作练习。

（6）错误

头手倒立停止时间不足，可做靠墙头手倒立，逐渐使两腿不靠墙。臀部位置前后移动范围过大或过小，可在帮助下做屈腿和分腿慢起头手倒立。头手倒立时，身体没有伸直，紧腰夹臀不够，可在帮助下用语言或信号提示。

（7）变化

分腿起头手倒立；屈腿或屈体慢起头手倒立；由单腿开始的头手倒立动作。

4. 技巧体操的竞赛项目

基本状况

（1）要求

技巧竞赛包括男子单人、男子双人、女子单人、女子双人、混合双人、女子 3 人、男子 4 人共 7 个项目，归纳起来即为单人、双人、集体项目 3 类。项目都包括规定动作和自选动作两种竞赛内容，自选动作又有两套个同性质的动作。因此就构成全能、第 1 套、第 2 套共计 21 枚奖牌的竞争。

每一个运动员必须按规则的要求编排 3 套各不相同的套路参加竞赛。因此就有第 1 套、第 2 套、第 3 套动作之称。

（2）分类

技巧竞赛又可分为 3 种。第 1 种竞赛，也称预赛，运动员必须完成第 1 套和第 2 套动作。第 2 种竞赛也称单套决赛。凡在预赛中每套前 6 名的运动员可分别参加第 1 套和第 2 套的决赛。但是在单人项目中，每一套 1 个单位只能有 1 名运动员参加，意思是 1 个单位如果在

预赛中有 2 名运动员进入第 1 套前 6 名，只能有 1 人可以参加第 1 套决赛，第 2 套也是同样。第 3 种竞赛也称全能决赛，即第 3 套动作的竞赛。凡参加预赛的运动员都可参加全能决赛。

单人项目

（1）场地

竞赛在长 10 米、宽 2 米的助跑道和长 30 米、宽 1.5 米、厚 0.1 米至 0.1 米的特制技巧竞赛板或垫子上进行。

（2）要求

男女单人项目的内容是运动员在规定的场地内，连续不断地、有节奏地完成各种手翻、空翻及空翻转体等动作。

单人项目竞赛时，每个运动员做两套自选动作：第 1 套由 3 个不同空翻动作组成；第 2 套由空翻转体动作组成。腾翻动作以身体的姿势、空翻的周数、转体的度数，以及空翻和转体结合的状况来区分动作的难度，难度也与动作的连接有关。

双人项目

（1）规定动作

技巧体操双人项目，即男子双人、女子双人和混合双人，由 2 名运动员共同完成动作。在上边做动作的叫"上面人"，在下边做动作的叫"下面人"。

双人动作通常是"上面人"在"下面人"的手臂、肩、头、脚、腿等部位上做各种倒立、平衡、造型及翻腾动作；"下面人"则以站立、坐、卧、弓箭步等不同姿势，将"上面人"推起、抛接、托举、提拉、扶持，来完成双人动作。

在成套动作竞赛过程中，两人还要同时在地面上做单人翻腾、徒手体操或舞蹈动作。整套动作要在音乐伴奏下完成，动作要协调、连贯、优美，富于艺术性，双人项目的正式竞赛场地为 12 米 × 12 米的地毯或竞赛板。

（2）动作要求

参加双人竞赛的运动员必须做两套自选动作，第 1 套是静力性平衡动作，由没有腾空阶段的倒立、扶持、平衡和各种造型动作组成；第 2 套是动力性动作，由有腾空阶段的抛接动作、手翻、空翻及下法

组成。各套动作还必须按规定要求穿插单人动作，包括舞蹈动作。

女子双人侧重于表现优美、协调、舒展的动作风格；男于双人则显示力量、果敢、准确的动作风格，混合双人往往给人以富于生气、青春的健美感。

女子三人项目

（1）规定动作

女子三人项目，由3名女运动员组成，从上向下分别称为"上面人"、"中间人"和"下面人"。其内容主要有平衡、倒立、抛接、各种罗汉造型以及单人舞蹈动作等。参加3人项目竞赛的运动员必须做2套自选动作：第1套由各种造型、下法及单人动作组成；第2套由腾空的抛接、手翻、空翻、下法等动作组成。竞赛在12米×12米的场地上进行，必须有音乐伴奏。

（2）动作要求

女子3人的动作由各种倒立、平衡、快速动作、抛接、舞蹈动作所组成，整套动作应协调、优美、巧妙、富于艺术表现力和特色，并充分利用场地，显示独特的风姿神韵。

男子4人项目

（1）不同特点套路

由不同特点的动作构成不同的套路。

（2）几种套路动作

①造型为主的套路 不但要叠得高、叠得难，而且要叠得稳。立柱式的站肩叠起，高度就达6米多，而支撑而又那样小，要想稳定几秒钟，非有数年之功不可；

②另一套路 则由快速、抛接所组成，上面人在下面人连续抛接中上下翻飞，犹如海豚戏水，自然优美。

5. 技巧体操的裁判

裁判评分

（1）选配裁判

一般重大的技巧竞赛，每个裁判组设7名或5名裁判，其中包括1

名裁判长6名裁判员。裁判员对每套动作是按难度、编排、完成情况、总的印象，双人和集体项目还有平衡造型的停止时间和整套动作的时间进行客观的评分。

（2）评分程序

评分的程序是当运动员做完整套动作后，由裁判长先出示难度分，然后裁判员对运动员的动作错误和总印象进行扣分，接着裁判长和所有裁判员同时出示他们所给的分数。

（3）争议裁决

如果5个中间分中最高和最低两个分差距超过0.3分，裁判长有权召集所有裁判员会商或同个别裁判员协商。如果会商达不成协议，裁判长必须将此事提交仲裁委员会作最后裁决。

名次确定

（1）多套成绩得分计算

技巧每个项目可设全能、第1套、第2套3枚奖牌，7个项目共计21枚奖牌。每个项目全能成绩分是以第1种竞赛（预赛）两套动作的得分和第3种竞赛，即全能决赛的得分总和计算。

（2）单套成绩得分计算

每个项目的单套成绩分是以第1种竞赛和第2种竞赛，即单套决赛，同一套动作，即第1套或第2套的得分总和计算，分数列前则名次列前，分数相同则名次并列。

运动员等级评定

（1）国际级运动健将

在世界锦标赛、世界运动会竞赛中获得全能冠军获得者、两个单套冠军获得者及一个单套冠军并全能亚军获得者，都可以申请授予国际级运动健将称号。

（2）运动健将

凡符合下列条件之一者，可以申请授予运动健将称号。

①在全国性竞赛中　运动员必须完成5套自选动作，获全能前6名并总成绩达到46.5分者；

②在世界锦标赛、世界运动会竞赛中　获全能或单套前6名者；

③在世界青年锦标赛中　获全能前三名或单套冠军者。

（3）一级运动员

凡符合下列条件之一者，可以申请授予一级运动员称号。

①在全国青少年竞赛中 运动员必须完成三套规定动作和一套自选动作，获全能前 6 名并总成绩达到 35 分者；

②在全国性成年组的竞赛中 运动员不须完成五套自选动作，总成绩达到 44 分者。

（4）二级运动员

在省、自治区、直辖市举行的竞赛中或相当一级举办的竞赛中，运动员必须完成二套二级规定动作和一套自选动作，总成绩达到 25.5 分者，可申请授予二级运动员称号。

（5）三级运动员

在省、自治区、直辖市举行的竞赛中或相当一级举办的竞赛中，运动员必须完成二套三级规定动作，总成绩达到 16 分者，可申请授予三级运动员称号。

（6）裁判员人数及等级规定

①通过运动健将的竞赛 必须由 4 名一级以上的技巧裁判员参加裁判工作，其中国家级裁判员不得少于 2 名；

②通过一级运动员的竞赛 必须由 4 名二级以上的技巧裁判员参加裁判工作，其中一级裁判员不得少于 2 名；

③通过二三级运动员的竞赛 必须由 4 名具有等级称号的技巧裁判员参加裁判工作。

6. 技巧体操的评分

竞赛规则

（1）竞赛种类

技巧竞赛的种类分为单项竞赛、团体竞赛和单项及团体竞赛。

①单项预赛 自选动作两套。双人和集体需要一套平衡动作、一套动力性动作。单人需要一套空翻、一套转体。基本难度为 90 分；

②团体竞赛 所有运动员都做一套 6 套路，基本难度为 8.5 分，男子 4 人做一套平衡动作和能动性动作。基本难度为 8.5 分；

③竞赛决赛 无论是第 1 套自选动作，还是第 2 套自选动作，基本难度都为 8.5 分。

（2）竞赛要求

技巧竞赛除单人项目和男子 4 人第 1 套外，必须音乐伴奏、用盒式录音带，不带歌词。每套动作时间个超过 2 分 30 秒，联合套路不超过 3 分钟。

第 1 套动作赛前准备活动时间为 5 分钟至 7 分钟，第 2 套为 3 分钟至 5 分钟，均在赛场活动。预赛的竞赛顺序通过抽签决定，决赛的竞赛顺序控相反名次依次出场。若成绩相等，再抽签决定。

（3）难度分类

竞赛规则按难度把动作分为 C 组（最难）、B 组（次难）和 A 组（较易）三类。符合规定难度要求时，预赛从 9.0 分起评，决赛从 8.5 分起评，只有增加成套动作难度，才可获得最高分 10 分。

（4）评分因素

成套动作评分因素包括难度、组织编排、完成情况、印象、成套动作时间和平衡动作停止时间。

动作以翻腾、抛接、造型为主，并配有徒手操和舞蹈动作。按竞赛规则规定，参加各项竞赛的运动员应完成 3 套规定动作和 3 套不同类型与要求的自选动作。除单人项目和男子 4 人第 1 套动作外，必须有音乐伴奏，时间不得超过 2 分 30 秒钟。各套动作满分为 10 分。技巧动作的难度则直接影响到运动员起评分数的高低。

音乐与时间

（1）音乐伴奏要求

规则对 3 套动作的音乐与时间也作了规定。单人项目和男子 4 人第 1 套不需要音乐伴奏。除此之外所有项目各套动作必须用盒式录音带的音乐伴奏，这些音乐中不允许有歌词。

（2）动作计时要求

每套动作以运动员或某一运动员开始做第一个舞蹈动作时计时，一套动作以最后一名运动员舞蹈结束算整套结束。第 1 套、第 2 套动作规定不能超过 2 分 30 秒；第 3 套动作不能超过 3 分钟，否则按规则每超过 1 秒要扣 0.1 分。

动作难度

（1）难度动作要求

技巧动作的难度是按完成的难易程度加以区分的。最低的难度为价值1，以后为价值2、3……依次类推。

（2）难度动作评分

运动员完成的动作达到基本难度要求后，女子单人起评分为9分，男子单人、双人和集体项目均为8分起评；如果运动员每增加完成价值1的难度，加0.1分，单人项目除外，其难度超过10分时，仍以10分起评。

第四章

自由体操的竞赛与裁判

1. 自由体操概述

基本状况

（1）体育项目

优美的自由体操是体育运动项目之一。

（2）名称概念

其成套动作由徒手体操和技巧动作组成，在规定的场地和时间内完成，大型竞赛在 12 米 × 12 米的弹性专用地板上进行。

历史发展

（1）项目起源

19 世纪初，自由体操始于德国。在规定的场地和时间内完成编排成套的徒手和技巧动作。竞赛场地面积 12 米 × 12 米，铺设地毯或弹性地板。竞赛时间男子为 50 秒至 70 秒，女子为 70 秒至 90 秒。

（2）现代发展

1958 年第十届世界体操锦标赛规定女子自由体操必须有音乐伴奏。1903 年成为世界体操锦标赛竞赛项目。

自由体操决赛时每队最多 2 名运动员参赛，只有团体赛自由体操成绩排位前 8 名或前 6 名者才有参赛资格。只比自选动作。将运动员在团体赛中规定动作与自选动作总得分的 50%，加上决赛中自选动作的得分，作为最后得分排列名次，得分高者名次列前。男、女满分均为 20 分。

从 1992 年奥运会起，团体分不带入单项赛，仅以自选动作的竞赛成绩确定名次，男、女满分均为 10 分。

从 2006 年使用体操新规则起，得分不设上限。由 A 分和 B 分两部分组成。A 分为难度分，不设上限。B 分是完成分，满分 10 分。团体预赛前 8 名获得决赛资格。每队最多有两人参赛。男、女自由体操分别于 1932 年和 1952 年被列为奥运会竞赛项目。

1911 年男子自由体操被列为国际竞赛项目。20 世纪 50 年代男子自由体操以单纯的手翻和空翻类动作为主。20 世纪 60 年代出现两周空翻和多周转体。20 世纪 70 年代出现复合轴的旋空翻。20 世纪 80 年代后期出现空翻 3 周和直体旋。

女子自由体操在 1950 年第十二届世界体操锦标赛上被列为竞赛项目，成套动作由技巧和各种转体、跨跳、舞蹈等动作组成。全部动作要高低起伏和谐统一，充分利用场地，并有音乐伴奏。

20 世纪 50 年代初女子自由体操以舞蹈动作为主。20 世纪 60 年代出现空翻转体类型动作，并选用现代舞蹈和现代音乐；20 世纪 80 年代初，出现空翻两周加转体类型动作，编排连接更加巧妙优美，在跟斗连串和难度上比男子发展更快。

2. 场地器材

场地设施

（1）练习时

平时练习时，普通场地比较灵活，可以选择平坦的水泥地、混凝土地或沥青地面都可以。结实平整的沙地也是不错的选择。场地最好还要空旷、通风，如果附近有绿化更好，这样有利于练习者身体健康。

（2）竞赛时

①场地标准　根据国际体操联合会的规定，标准自由体操场地要求长 12 米，宽 12 米，安全区域 1 米；

②富有弹性　大部分竞赛的专用场地在地板下面装有弹簧或橡胶，使场地富有弹性，这样可以跳得更高，并减少运动员落地时的冲击力；

③规定边界　自由体操明确规定了边界，界外的区域由其它颜色的地毯标识或贴着明显的胶带。大部分场地在规定场地外还留有一定的安全区域，在运动员不幸摔倒出界时起保护作用。

服饰装饰

（1）练习时

①舒适　在服饰方面，练习时可以随意一些。如果有条件选用专门的体操服饰最好，如果没有专用服装，则要选择质地柔软、弹性好、透气性强的服装，这类衣服穿着舒适，便于活动；

②整洁　但不管是不是专门体操服，都必须是整洁干净的，因为这将体现出一个人的精神面貌。另外，选择衣着尽量做到美观、大方、合体，这样会让人充满自信、精力充沛，更便于在自由体操表演中展现与众不同的魅力和风度；

③鞋袜 鞋袜的选择也是十分关键的，鞋子要选择大小合适、柔软性、弹性、透气性都很优良的运动鞋，不能穿厚底鞋和高跟鞋。鞋子松紧程度以感觉舒适为最佳，太紧会影响下肢的血液循环。袜子应以纯棉质地最佳，平常穿着较多的尼龙袜不适合健美操锻炼时穿用；

④其他 对于发式的选择，应该以简洁大方为原则，长发最好束于脑后，不让其遮挡视线还可给人以美感。在锻炼时，身上不要戴各种装饰物如手链、耳环等，以免给练习带来不便。

（2）竞赛时

①统一 竞赛时，运动员要穿规范的体操服，全队着装要统一。参赛运动员必须穿长裤、体操鞋或袜子，对于集体项目，运动员服装应协调或一致；

②短裤 自由体操项目基本上全身都要参与运动，特别是腿部的活动较多，为了保证运动员在竞赛中更好地发挥水平，创造更好的成绩，规则规定在这两个项目的竞赛中，可以穿短裤，也可以赤脚；

③背心 在所有竞赛中运动员都要穿背心。女子运动员不得穿过小过露和透明的体操服；

④其他 运动员化淡妆，不佩戴珠宝首饰。女运动员必须剃腋毛。运动员都必须佩戴号码牌。

音乐选择

（1）背景音乐

男子自由体操的时间限制是 70 秒，女子是 90 秒，女子竞赛可以有配乐。

（2）烘托作用

对于自由体操，音乐不是非常重要，但有时也会起到良好的烘托作用。伴随着音乐练习，也能更好地让自己把握身体的节奏韵律，也让自己的体操更有表现力。自由体操的不同动作，将由不同的音调、力度、旋律、音速予以表现，选择伴奏曲时，可以根据自由体操的动作特点，选择合适的音乐。

（3）选择方法

①走步动作 配以不同的力度和音速的进行曲，跑步常用小快板，如柔软跑；

②用力动作　幅度小、用力的动作，音乐多用2/4拍，同时配以轻快、跳跃感如快板的音乐，速度稍快，节奏明显的动作，伴奏时2拍可作为动作的拍；

③踏跳动作　踏跳步练习幅度较大，伸展柔和的抒情连贯的动作，可配以3/4或4/4拍的音乐，突出抒情、圆润、连贯、流畅的特点；

④连贯动作　速度稍慢而连贯的动作，可两拍或四拍做一个动作；中速较连贯的动作，多用4/4拍，两拍音乐做一个动作，如移重心加上手臂的摆动环绕练习；

⑤大的动作　慢速幅度大的动作，多用快板。腾空、大跳、大抛等动作，多配以力度较大，宽广向上的音乐。快而突然的动作，音乐注重活泼、快速、力度对比强的音乐；

⑥节奏动作　紧张强烈的动作，音乐也要最紧张；动作完成放松，音乐也要最弱。激烈而突然的动作要用不连贯的节奏、断奏的音乐。动作节拍完整，音乐也不要用单拍。动作速度发生变化时，音乐要随着速度的快慢而渐快渐慢相应变化，肌肉的紧张程度发生变化时，音乐伴奏的力度也要相应的发生变化，随之渐强渐弱。

总之，动作要与音乐的呼吸相配合一致，以共同表现出动作韵律、节奏，使操有音乐的情绪美，音乐有操的流动感，以充分突出形体优美的表现力。

3.　基本技术动作

支撑

（1）支撑概念

体操动作之一，指人体肩轴高于器械轴并对握点产生压力的一种静止动作。

（2）动作种类

分单纯支撑，即只用手支撑器械和混合支撑，即手和身体的一部分同时支撑器械，是器械体操练习的基本动作之一。

水平支撑

体操支撑动作之一，指身体呈水平姿势的支撑或静用力动作。力量素质要求较高，是一种高难度的静止动作。

125

手倒立

（1）手倒立概念

体操中静止动作之一，用手掌撑地，头部朝下，两臂和两腿均伸直的人体倒置动作。

（2）动作种类

按动作完成的姿态分为：屈臂屈体、屈臂直体、直臂直体、直臂屈体及双手倒立、单手倒立等，对上肢力量及身体控制能力的要求较高。

手翻

（1）手翻概念

体操翻腾动作之一，指用手支撑于地面或器械上，人体径倒立，然后在手推撑的同时翻转的动作。

（2）动作种类

按翻转的方向，分向前、向后、向侧手翻三种。也是技巧运动支撑跳跃等项目的基本动作之一。

悬垂

（1）悬垂概念

体操动作之一，指人体肩轴低于器械轴并对握点产生拉力的一种静止动作。

（2）动作种类

只用手悬垂于器械的，称"单纯悬垂"，如单杠上的悬垂。手和身体的一部分同时悬垂于器械或接触地面的称"混合悬垂"，如单挂膝悬垂，是器械体操练习的基本动作之一。

旋翻

（1）旋翻概念

体操空翻动作之一，指人体在腾空后沿横轴翻转两周的同时，绕纵轴转体的复合空翻动作。

（2）动作种类

按翻转方向，分前旋、后旋。按人体姿势，分团身旋、屈体旋、直体旋。按转体的周数分两周旋、三周旋等。

滚翻

（1）滚翻概念

体操动作之一，指躯干依次接触地面或器械、也经过头部的翻转动作。

（2）动作种类

分前滚翻和后滚翻，是体操启蒙训练的内容之一。

摆动

（1）摆动概念

体操动作的一种，指通过肌肉用力，改变人体各部分的相对位置，进行人体各部分运动速度的调配和组合，使人体产生变速移动的一种动作。

（2）动作种类

按人体各部分运动速度调配的特点，可分为大摆、屈伸、回环等多种，是器械体操中内容最多，变化最复杂的一类动作。有利于培养动作的节奏感，提高机体的协调能力，增强肌肉的力量和空间三度的定向能力。

腾越

（1）腾越概念

体操动作之一，指整个人体腾起后从器械上空越过的一类动作。

（2）动作种类

按人体运动的方向，分正腾越、背腾越、侧腾越 3 种；按腾起后人体的姿势，有分腿腾越、屈体腾越、挺身腾越等。做此类动作时，人体腾起较高，飞行时间较长，具有惊险性。

静止

体操动作的一种，指通过肌肉的协调用力，维持身体的平衡与稳定，按规定要求，在空间停止一定时间来完成的静止姿势，如各种悬垂、支撑和倒立动作。在动作完成过程中，就肌肉工作特点而言，属于等长收缩；就呼吸特点而言，有复式和胸式两种呼吸形式。

转体

可以在各种不同的姿势中进行，如直腿站立、坐、卧和蹲撑等，并可用踏步、摆腿跳跃或在空翻动作中来完成。

跳跃

要求在空中停留的时间要长，起跳时稍屈膝，由全脚掌过度到前脚掌跳地跳起。在空中时，身体各个部分要根据所做动作的要求做出一定的姿态。落地时，要用前脚掌柔软地着地，并做屈膝，髋关节来

缓冲下落的力量。着地时，身体重心应落在支撑面内，以保持平衡。

劈腿

（1）劈腿概念

自由体操动作中基本术语之一，指两腿最大限度地分开，一腿与另一腿成一直线触及支撑面。

（2）动作种类

有前后劈腿（必须指明哪条腿在前），左右劈腿，还有半劈腿（一腿弯曲），在平衡木上也可做劈腿。

桥

（1）桥的概念

自由体操动作的基本术语之一，指两手与脚支撑，身体背部向支撑面，最大限度地挺身成弓形的姿势。

（2）动作种类

有单脚支撑另一腿上举的桥、单手支撑的桥；还有前膊桥和跪桥等。

高难度动作

（1）月久空翻

分腿侧空翻1周半转体90度成前滚翻。属于C组难度。

（2）楼云空翻

前手翻转体180度加直体后空翻和"前手翻屈体前空翻转体540度"两个高难动作。

（3）童非转体

旋空转体360度。

4．竞赛裁判

裁判员

（1）竞赛的执法官

裁判员是竞赛中的执法官，抽签决定裁判员分工。裁判员任职的依据是裁判员的考试成绩。裁判员要参加竞赛中所有的裁判会，观看赛台训练，赛前至少提前一小时到达竞赛场馆并认真做好赛前准备。

（2）对裁判员要求

男子裁判员裁判员要求穿灰色裤子、深蓝色上衣、浅色衬衣系领带。女子裁判员穿深蓝西服套裙、白衬衣。竞赛中裁判员不得离开自己的座位，不得与其他人联系，不得与教练员、运动员交谈。裁判员根据评分规则迅速、准确地记录、评判运动员的所有竞赛动作，并按格式正确填写评分表，确保自己的评分准确无误。

（3）对裁判员处罚

裁判员如蔑视评分规则，有意偏袒或贬低某个队或某个运动员，重复出现过高或过低分；不遵守竞赛的有关要求与纪律，不参加有关会议，不观摩赛台训练，着装不符合要求，都将受到处罚。

裁判委员会

（1）工作职责

竞赛委员会的下设机构之一，负责领导裁判员学习和评分工作。

（2）机构组成

由总裁判长、副总裁判长、裁判长和裁判员组成。

检查员

（1）工作职责

任务是检查裁判长和裁判员的评分工作和行为，以《裁判检查惩罚条例》为依据，登记裁判员评分与最后得分的偏差。如果裁判员评分时出现重复偏差，检查员将通知仲裁组，以便按技术规程对所涉及的裁判员作出惩罚。

（2）工作权限

有义务正确记录竞赛中所有成套动作，必要时进行客观而有论据的讨论。只有在特殊偏差大的情况下，经与裁判长和技术助手取得一致意见后，才有权召集裁判员进行有理有据的商讨，以便取得公正的分数。

视线员

在自由体操竞赛中负责观察并记录运动员是否越出场地界线的辅助裁判员。在竞赛中，自由体操场地对角线设 2 名视线员，能够准确观看到运动员是否出线。每次出线都向裁判长举旗示意，并填写报告单交裁判长。

5. 竞赛评分规则

自由体操的竞赛规则

（1）完成时间

男子一套动作在 70 秒内完成，女子在 90 秒内完成。

（2）准备动作

自由体操成套动作的编排要充分利用整个场地，女子自由体操要有音乐伴奏。运动员必须双腿并拢、静立于自由体操场地内，然后开始做成套动作。

（3）评分原则

成套动作的评分从运动员脚的第一个动作开始。运动员可以踩场地边线，但不能过线。当出界情况发生时，视线员将以书面形式通知裁判组负责人，裁判组负责人从最后得分中扣除相应的分数：

①手脚出界　一只脚或一只手出界扣 0.1 分；

②身体出界　双脚、双手、一只脚和一只手或身体任何其它部位出界，扣 0.30 分；

③动作出界　直接落在界外，扣 0.50 分；

④界外开始　动作在界外开始，没有难度价值。

女子自由体操评分规则

（1）表达个性

在女子体操里，自由体操的规定时间是 70 秒至 90 秒。动作是预先编排好的，由技巧动作和舞蹈动作组成。这个项目和其他项目不同之处在于允许体操运动员通过舞蹈和音乐自由表达她们的个性。

动作的组合是由运动员和她们的教练决定的，也有一些是自己编排动作。有的运动员每年更换一套自由体操动作，而有些在几个赛季里保持同一套动作。通常，一个运动员不会在一个赛季里同时使用一套以上的自由体操高难度动作。

（2）音乐伴奏

从 1958 年开始，规定女子自由体操必须有音乐伴奏，音乐的选择也是由运动员和她们的教练决定的。音乐原则上可以是任何乐器演奏的任何音乐风格，但是要求无伴唱。运动员和教练负责将自由体操的 CD 或磁带交给竞赛的工作人员。

（3）动作要求

整套动作设计通常包括 3 个至 5 个空翻组合和一些舞蹈技巧，旋转和跳跃。根据体操计分规则，运动员必须从 5 个规定的动作组里面

选择动作，包括至少 540 度的旋转，空翻两周，向前和向后的空翻。

（4）评分原则

评分是根据规定动作的难度，艺术性，感染力和整套动作的完成质量。缺少规定动作，动作没有按要求完成，失误等都会扣分。与男子竞赛不同，女子竞赛在落地的时候允许一脚在前，另一脚在后。运动员要求在整套动作中尽量利用整块场地，但是，出界是严重的失误，要被扣分。

运动员在自由体操竞赛时允许擦镁粉并可以带护腕。

男子自由体操评分规则

（1）完成时间

在男子体操里，自由体操的规定时间是 50 秒至 70 秒，没有配乐。

（2）评分原则

和其他体操单项竞赛一样，评分是根据规定动作的难度，编排和整套动作的完成质量。裁判检查所有的规定动作是否都完成，根据难度来确定起评分。

运动员要求在整套动作中尽量利用整块场地，和女子自由体操不同的是在落地的时候必须双脚同时落地，并且不能前后分开，向前的跳跃和落地分腿都会扣分。

自由体操新规则

（1）难度动作

和平衡木一样，新规则要求在计入自由操 8 个最难的动作中，最多只能计算 5 个空翻动作，最少要计入 3 个舞蹈动作。这条规则的实施可以减少运动员在完成空翻的时候没有时间去完成舞蹈动作，同时对空翻和动作数量的限制也可以起到保护运动员避免伤病的作用。

（2）动作连接

在自由操项目上，新增加了一个动作连接的价值，就是按照 D 组空翻＋A 组跳步的完成顺序的连接，这个连接可以获得 0.1 的连接价值，这条规则的改动对自由操落地稳定性提出了较高的要求，只有做到落地基本稳定才可以完成这样的连接。

（3）单脚落地

另外的一个改动是由之前的必须完成 2 个跳步的连接变成必须完成 3 个跳步直接或者间接的连接，并且在完成第一个和第 2 步跳步的

时候必须是单脚落地，这样可以在自由操的场地上形成一个移动的长串，更具有观赏性。

自由操的改动有利于运动员利用自己的竞赛音乐完成舞蹈表演，让竞赛更有富有美感，同时对空翻数量的限制也会激发一些运动员为了增加 D 分，练习更加高难的空翻动作。

裁判评分

（1）A 分的内容

在男女竞赛项目中，均有 A、B 两组裁判员对运动员竞赛动作进行评分。A 裁判组根据运动员一套动作的内容确定 A 分，A 分的内容包括：

取运动员成套动作的下法加上最好的 9 个动作共 10 个动作，计算其难度价值。男子最高难度动作为 F 组，女子最高难度动作为 G 组。在所有竞赛中，男子和女子项目成套动作的难度分值如下：

①动作组别　A　B　C　D　E　F　G

②动作分值　0.1　0.2　0.3　0.4　0.5　0.6　0.7

A 裁判组还要根据不同项目的特殊规定计算动作的连接价值。在所计算的 10 个动作的难度价值中，每完成一个动作结构组要求，A 裁判组将给予 0.5 的加分。除了跳马之外，成套动作必须要有合乎要求的方法。

（2）B 分的内容

B 裁判组确定 B 分，B 分从 10 分开始，以 0.1 分为单位进行扣分。"B" 分的内容包括：

成套动作的艺术及完成错误，技术和编排错误。当动作完成发生艺术性和技术性偏差时，要进行扣分。扣分与某一动作或某一成套动作的难度无关。

①小错　扣 0.1 分；

②中错　扣 0.3 分；

③大错　扣 0.5 分；

④掉下　扣 0.8 分。

把艺术扣分、完成错误扣分与技术、编排错误扣分进行汇总，并从 10 分中扣除，所得分数为最后的 B 分。

A 分和最后的 B 分加起来为一套动作最后的得分。最后得分少数情况下不超过 10 分。

第五章

鞍马运动的竞赛与裁判

1. 鞍马的概述

基本状况

（1）列为竞赛项目

鞍马是男子竞技体操项目之一，起源于欧洲。罗马人曾利用木制马来训练骑手。*19* 世纪初德国体操家 F．L．杨把这种木马砍头去尾作为体操器械。*1896* 年鞍马被列为体操竞赛项目。

现代竞赛用鞍马器械长 *1.6* 米，宽 *0.35* 米，马背中央木环上沿离地面 *1.20* 米，离马背 *0.12* 米，两环相距 *0.4* 米至 *0.45* 米。

（2）动作不断变化

竞赛成套动作包括两臂交替支撑的各种单腿摆越，正、反交叉，单、双腿全旋和各种移位转体等动作。*20* 世纪 *50* 年代鞍马上有了各种环上转体。

20 世纪 *70* 年代中、后期，匈牙利运动员 Z．马乔尔开创了纵向前移位、沿身体纵轴反向转体和跳动移位等技术，美国运动员 K．托马斯创造了分腿波浪全旋技术。

20 世纪 *80* 年代，倒立技术与隔环转体类型的动作逐渐增多。鞍马技术进展快，难新动作不断出现。中国运动员对鞍马技术的进展作出了不少贡献，*1981* 年至 *1992* 年在世界性竞赛中共获得 *6* 次鞍马世界冠军。

历史发展

（1）鞍马起源

鞍马一开始出现时不是现在这个样子。成为今天竞技体操中鞍马的样子，那是 *1925* 年以后的事。最早制造和使用鞍马的是罗马人。世界上第一只鞍马·是用木头制成的，外形与真马相似。这种鞍马夏季放置户外，冬季安放在栅子里。它的用途是训练罗马人的骑兵。

罗马人不仅发明了鞍马，而且制定了一套用鞍马培训他们骑兵的方法。新骑兵入伍之初，即接受用手支撑鞍马，作上马、下马等骑术训练。每个骑兵都要学会得心应手地从鞍马的左右两侧跨上马，并且能手持戈矛弓箭，以准确无误的动作滚鞍下马。后来，鞍马渐渐演变

成现在的样子了，成为了体育项目。

（2）体育项目

鞍马源于跳马项目。1804 年德国著名体操家古茨穆特斯将木马上的马鞍换成一对铁环，后铁环被木环取代，形成现在的鞍马，为男子项目。

鞍马决赛时每队参赛运动员最多 2 名，只有在团体赛中鞍马成绩排位前 8 名或前 6 名者才有参赛资格。只比自选动作，将运动员在团体赛中规定动作与自选动作总得分的 50%，加上鞍马决赛中自选动作的得分，作为最后得分排列名次，得分高者名次列前，满分为 20 分。

从 1992 年奥运会起，团体分不带入单项赛，仅以自选动作的竞赛成绩确定名次。满分为 10 分。

从 2006 年使用体操新规则起，得分不设上限。由 A 分和 B 分两部分组成。A 分为难度分，不设上限。B 分是完成分，满分 10 分。团体预赛前，8 名获得决赛资格。每队最多有 2 人参赛。

主要特点

（1）鞍马上的动作

鞍马是在马的所有部位，用不同的支撑方式完成不同的全旋和摆越动作是鞍马项目上一套动作的基本特性。

（2）靠手支撑身体

做全旋时，以并腿全旋为主。允许有通过手倒立加转体或不加转体的动作，不同的结构组的动作必须在充分的摆动中完成，不能停顿，该项目中不允许有力量动作。

竞赛中运动员要做一系列的前、后全旋，交叉，并且要在鞍马的整个长度上做动作。鞍马的全旋动作是靠手支撑身体重心，身体在马上做向前或向后的回旋。做全旋动作时，运动员双腿伸直分开并尽量上举，除双手之外的任何身体部位都不能接触鞍马。

（3）得高分的要素

动作流畅与精确控制是鞍马竞赛得高分的要素。由于运动员的动作相当快，一般的观众可能还弄不清他做过的动作，不过这是得高分所必须的。为增加难度，运动员在做动作的同时，还会用手移动自己在马上的位置。

（4）训练中的难度

在平日的训练中，运动员花费在它上面的时间最多、精力最大。因为鞍马的支撑面积很小，完全要用两只手控制，是身体重心变化最多、最快的一个项目。有些单环动作，只能由两只手交替握在一个环上才能完成，这样一来，手的支撑面积就更小了。在这样窄小的支撑面积内，运动员必须不断地变化动作，再加上体操评分规则不允许除了手之外的其它身体部位触器械，所以稍有闪失，就会碰马或从马上跌落下来。

在竞赛中，运动员必须要充分利用马的三个部位，在这三个部位上完成各种全旋、转体、移位、交叉以及经倒立等动作。动作之间不允许停顿，也不允许出现用力动作，否则均要扣分。在鞍马竞赛中，如果运动员的一套动作难度大，姿势优美，动作协调且变化多端，连接很流畅，幅度大，下法站稳，那将会得到高分。

2. 器械设施

鞍马标准

根据国际体操联合会的规定，标准鞍马器械要求如下：高 1.15 米，包括 0.2 米落地垫，长 1.6 米，宽 0.35 米，鞍环高度 0.12 米，鞍环距离 0.40 米至 0.45 米。

全旋练习器

（1）基本概念

它是鞍马的一种辅助练习器，它用以模仿全旋动作，以便体会正确的全旋概念，并加速全旋动作的完成。

（2）主要种类

全旋练习器的种类有许多：

①滑轮装置　带绳套的专门手拉滑轮装置，绳套拴紧练习者的双脚做全旋，要求运动员尽量靠手的支撑来完成动作；

②带环山羊　带旋转台的带环山羊，全旋时脚蹬旋转台；

③带轴承的转轮　带轴承的转轮，可在带环无腿山羊上做全旋练习。

山羊

（1）名称来历

它是体操辅助器械之一，它的形状似跳马，有 4 条腿，近年也出现只有一根立柱加底座代替四条腿的山羊，只是比马短而小。通常称比它大的器械为"马"，因此称它为"羊"。在平常体育活动中，人们贯称它为山羊，山羊的名称就由此而来。

（2）主要作用

在现代体操训练中，山羊通常作为训练鞍马双腿全旋、全旋转体及托马斯全旋等动作的辅助器械。其特点是器械小，运动员无顾虑，学习兴趣浓，易于掌握动作。利用山羊作为辅助器械进行练习，成为儿童、少年鞍马入门训练中不可缺少的一个重要组成部分。

（3）竞赛项目

从 1976 年开始，经国家体育运动委员会审定，用山羊代替鞍马项目，被列为男子儿童甲组、儿童乙组规定动作的竞赛项目。1980 年和 1985 年两次被列为少年三级和少年二级运动员规定动作的竞赛项目。

（4）器械规格

山羊的标准器械的规格是，高为 1 米至 1.5 米，可上下调整，山羊身长 0.57 米，宽 0.36 米，厚度为 0.33 米。羊身肉胎木制敷海绵、毛毡等物，表层罩优质皮革制成。

若山羊作为学习鞍马双腿全旋等动作的辅助器械，根据儿童、少年的年龄特点，可适当小型化。一般高为 0.8 米至 0.9 米，可上下调整，长 0.5 米至 0.6 米，宽 0.3 米。男子少年三级、二级运动员竞赛用的山羊器械，高度为 0.8 米。

身着服饰

（1）训练中

鞍马是难度比较大的体育项目，动作幅度大，变化复杂，平时在选择服装时要力求舒适，最好选择弹性比较好的紧身运动衣或者体操服等。

（2）竞赛中

在正规竞赛中，运动员要穿统一的服装，在鞍马、吊环、双杠、单杠 4 个项目的竞赛中，一定要穿背心、长体操裤、体操鞋或袜子。

之所以有这条规定，是因为这 4 个项目主要是以上肢动作为主，穿长裤不仅对运动员做动作影响不大，而且还可以增加动作的美感。

3. 技术动作

基本动作

（1）挥摆

指单（双）腿向左或向右摆并还原的动作，如：鞍马左右挥摆等。

（2）摆越

指单腿或双腿在器械上面或下面越过的动作，如：鞍马右腿异侧摆越成骑撑，单腿摆越有同侧和异侧摆越之分。

高难动作

（1）童非移位

马端正撑全旋隔两环挺身转体 180 度成另一马端正撑。该动作在鞍马项目中属高难度动作，是中国运动员童非在 1979 年第二十届世界体操锦标赛中使用，并被国际体联以其名字命名的动作。

由双手撑马端的马端全旋开始，出腿后，身体重心向右移，以右臂为轴，左手推离马端俯撑挺身转体 180 度，右手越两环，撑另一马端，经双手撑两个马端的俯撑，身体继续挺身转体，左手用力推离马端，完成第 2 个挺身转体 180 度，整个身体移至侧马端俯撑。该动作在两次支撑中完成了挺身转体 360 度和大移位动作。对两臂的力量和身体重心的移动要求较高，这是中国运动员童非独创的高难度动作。

（2）王崇升转体

体操动作之一，鞍马竞赛中，托马斯全旋起倒立转体 180 度落下接托马斯转体 90 度起倒立落下成骑撑，为中国体操运动员王崇升独创。

（3）吴国年转体

俄式转体 720 度同时移三位。也称吴国年大爬。体操术语，鞍马竞赛中，俄式转体 720 度同时移三位，为中国体操运动员所创。男子鞍马决赛则多次出现以中国运动员吴国年名字命名的"吴国年大爬"，

这个动作被各国运动员广泛采用，成为近几年鞍马最流行的动作之一。

（4）李宁交叉

正交叉转体90度经单环起倒立落下成骑撑。体操动作之一，鞍马竞赛中，正交叉转体90度经单环起倒立落下成骑撑，为中国体操运动员李宁独创。

他创造了鞍马"托马斯"全旋接倒立和跳转，并把它移植到自由体操中。李宁鞍马的交叉动作，能做到倒立转体式，使外国选手只能使鞍马平面化的动作变成了立体化，从而开创了鞍马发展的新套路。

技术训练

对鞍马各种类型动作的关键性和基础性技术的训练。

（1）关键性基本动作

选择关键性基本动作，制定技术规格，练习其中关键技术，最基本技术训练通常采用的方法，如单腿摆越、交叉，双腿全旋、托马斯全旋，单环全旋，捷式转体和各种移位动作等。

（2）基础性技术动作

选择动作技术中的关键环节进行专门训练，而不是练习某个完整动作，也是基本技术训练的一种方法。如挺身转体爬圈练习，只练习挺身转体技术，又如把马乔尔打滚的第一个转体90度单独进行等均是如此。

改变器械条件进行基本技术训练，如采用山羊、无环马、单环马等练习基本技术，由于降低了器械障碍带来的困难程度，因而不利于正确技术的形式。

在鞍马基本技术训练中，应注意全面、先进性、稳定性和预见性。鞍马基本技术训练，是发展难新动作的基础，是高质量完成鞍马动作的前提，对鞍马的稳定性和技术水平的提高起着重要的作用，是鞍马训练的一个重要环节。

4. 评分规则

基本规则

（1）规定部位

现代鞍马成套动作的主要特征是利用鞍马的所有规定部位，用不

同的支撑姿势完成不同的全旋摆动动作，分腿或并腿、单腿摆动或交叉。

（2）允许动作

允许有经手倒立加转体或不转体的动作，所有动作必须用摆动完成，不能有丝毫的停顿，不允许有力量动作或静止动作。

（3）必做动作

选手必须从站立姿态开始成套，一个助跑性质的步伐或小跳是允许的。成套评分开始于选手单手或双手放在器械上时，选手必须保证所能完成动作的安全性且具有美感和高技术精度。

裁判流程

（1）发出信号

竞赛没有正式开始前，运动员们在各个项目上做赛前练习，时间是每人30秒。每个队有5人，共2分30秒。竞赛开始后，项目裁判长高举绿旗或打开绿灯，这是给准备竞赛的运动员一个信号。如果信号发出后30秒钟，运动员还未上器械，就算弃权，判为0分。

（2）举手告示

运动员上器械前，要面向裁判长举起右手示意，这既是对裁判的尊重，也是提醒裁判员注意，自己开始做动作了；当运动员完成一套动作之后，也要向裁判长立正、示意，表示动作完毕。

（3）实施评分

A、B组裁判组根据运动员完成的难度、特殊编排和连接动作等几个方面来确定一个起评分，起评分最高为10分，向全场显示。

裁判长根据A、B组裁判员的打分情况，示意出该套动作的最后得分。

第六章

吊环运动的竞赛与裁判

1. 吊环的概述

基本状况

(1) 吊环概念

吊环是男子体操项目之一。吊环环高 2.55 米，吊环为木制，圆形，用钢索悬挂在高 5.80 米的立架上，两环相距 0.5 米。木环与钢索间用皮带或帆布带连接，长短可调节。

(2) 动作特征

一套吊环动作应由比例大致相等的摆动和力量静止动作组成，这些动作和连接是通过悬垂，经过或成支撑，经过或成手倒立来完成，以直臂完成动作为主。

由摆动至静止力量或由静止力量到摆动的过度是当代体操的显著特点，做静止动作时，要求环静止，不能有大的摆动。吊环要求有一定难度的向前摆动完成的手倒立和向后摆动完成的手倒立，还要求有一个有难度要求的力量静止动作。

(3) 竞赛情况

吊环决赛时每队最多 2 名运动员参赛，只有在团体赛中吊环成绩排位前 8 名或前 6 名者才有参赛资格。只比自选动作。将运动员在团体赛中规定动作与自选动作总得分的 50%，加上吊环决赛中自选动作的得分，作为最后得分排列名次，得分高者名次列前。满分为 20 分。

从 1992 年奥运会起，团体分不带入单项赛，仅以自选动作的竞赛成绩确定名次。满分为 10 分。从 2006 年使用体操新规则起，得分不设上限。由 A 分和 B 分两部分组成。A 分为难度分，不设上限；B 分是完成分，满分 10 分。团体预赛前 8 名获得决赛资格。每队最多有 2 名选手参加。1896 年被列为奥运会竞赛项目。

(4) 注意事项

在所有体操项目中，吊环是对力量要求最高的项目。两只吊环被吊在离地约 2.4 米的空中，当然很不稳定，而竞赛中裁判会特别注意运动员是不是能很好地控制吊环使之尽可能稳定。

历史发展

（1）起源近代

近代的吊环运动起源于法国，这是受杂技演员悬空绳索表演的启发而创造的，稍后才传入德国和意大利。1842 年德国人施皮斯制作了第一副吊环。

（2）竞赛项目

早期的吊环动作只有一些摆动动作和简单的悬垂，作为体操训练的辅助手段。19 世纪吊环成为独立的男子体操项目，1896 年被列为第一届奥运会的竞赛项目。

2．器材场地

场地设施

（1）场地的选择

练习者要选择空旷、通风的体操馆作为运动场地，这样有利于运动中氧气的供应和二氧化碳的扩散，从而有益于练习者的身心健康。同时，场地还要尽可能考虑到光线、卫生条件等因素。

（2）场地的要求

场地上一定要铺设垫子，厚度应该在 0.18 米至 0.22 米之间，就于练习者动作结束时的缓冲，以免因为压力而使练习者的脚部或者腰部受伤，造成不必要的后果。

器材装备

（1）吊环标准

教学和训练用的体操器械。标准吊环是由吊环、钢架和 4 条拉链组成。吊环为木制，圆形，环内径 0.2 米，横切面直径 0.028 米，用钢丝绳悬挂在钢架上，靠环处有皮带或帆布带，起保护前臂作用。两环间距离 0.5 米，钢架高度 5.5 米，钢架间距离 3 米。

（2）吊环安装

吊环高度 2.60 米，从垫子上沿量起。吊环要安装在体操馆内，拉链挂在铁桩子的钩上。吊环架要坚固，两环表面要光滑，不得有任何

裂缝。

安装吊环时要注意，钢架要牢固，4 条拉链必须拧紧；吊环和悬挂的钢丝绳要经常检查，发现断裂和破裂及时更换，防止出现意外事故。

吊环的双环由 2 根钢索悬吊，环为钢质外包木制材料。木环与钢索间用皮带或帆布带连接，长短可调节。

3. 技术动作

基本技术

（1）支撑

力量支撑要求运动员保持良好的支撑，并控制足够长的时间，不能有任何的抖动，神态也要显得很轻松。

（2）倒下

器械体操动作中由高部位落至低部位的基本术语之一。指肩部自上而下的弧形动作，即由支撑转为悬垂或由较高的支撑转为较低的支撑动作，从方向上有向前和向后倒下，如：吊环由直角支撑后倒成屈体悬垂；单杠由支撑后倒接屈伸上；双杠由支撑后倒成挂臂撑等。

（3）落下

器械体操动作中由高部位落至低部位的基本术语之一。指肩部自上而下的垂直动作，即由支撑转为悬垂或由较高的支撑部位转为较低的支撑部位以及较高的悬垂转为较低的悬垂，如：吊环由屈臂悬垂落成直臂悬垂；双杠由手倒立慢落下成肩倒立等。

（4）回环

器械体操动作的基本术语之一。指身体绕器械轴或握点连线做的由支撑经悬垂再回到支撑的翻转动作，从方向上有前、后、侧等。从动作形式上可做团身、屈体、挺身、挂膝、骑撑等回环动作，如：吊环支撑前回环；单杠支撑后回环等。

回环动作是指运动员的身体动作，而不是吊环。回环动作要做得连贯，动作结束点应能稳定地控制身体姿态。

（5）转体

体操动作的基本术语之一。指绕身体纵轴转动的动作，在器械上的转体有绕一臂（另一臂松开器械）和绕两臂的转体（通常在吊环上）；两手依次松器械的转体和两手同时松器械的转体等。可做转体90度、180度、360度、720度等。

目前在体操动作中已有直体后空翻转体。除了器械上的转体外还可做徒手体操中的转体，如单脚支撑或双脚支撑的转体以及跳起空中各种度数的转体。

成套动作

（1）成套动作概念

一个吊环成套应由合理等分的摆动、力量和支撑动作组成。这些动作环节和组合应该以从悬垂位置开始、成或经支撑位置、成或经手倒立完成，同时，应该以直臂完成为主。现代成套被描述为摆动和力量动作之间或相反的转换变动。吊环带禁止出现摆动和交叉。

（2）主要动作要求

①开始姿态　从静止站立开始，选手必须以一个良好的姿态跳上或通过教练协助，并腿静止悬垂在环上，评分开始于选手选手离开地面后的第一次运动。教练不能给选手提供助力完成初始摆动。选手必须完成所能做的保证安全系数且具备美感和高技术精度的动作；

②难度价值　后摆成支撑动作并不属于难度价值组成部分，但形成简单回摆趋势和后摆落或慢落成悬垂将被 E 组裁判扣分。吊环上落下的典型例子如下：屈伸上成支撑，后摆上落下后再前摆上。

③附加技术　成套组成附加的技术、优美性和完成方面的要求：支撑姿态必须以直臂，完成形式直接到位，且不能对身体姿态和位置进行调整。所有的支撑姿态必须保持至少 2 秒。只要摆动的性质允许，必须成或者经手倒立，或直接成力量支撑动作；

④摆动动作　形成力量支撑动作前如果有反向摆动过程的摆动动作（例如，前摆上成水平十字支撑；前摆上成倒十字支撑等）将被认为是两个动作。力量支撑时的错误握环方式是被禁止的，只要摆动动作性质允许，就要尽可能使用直臂完成动作；

⑤时间规定　所有支撑必须保持至少 2 秒。如果支撑保持时间少

于1秒，将不承认动作难度和动作组别要求。慢推起力量动作总伴随着一个起始支撑动作和结束时的2秒支撑保持。它们只有在这个起始支撑动作已经被承认，且结束支撑动作保持了至少1秒的情况下才能被承认；

⑥禁止动作 完成动作时出现吊环带交叉的情况是被禁止的，将作为编排错误被扣分。针对青少年选手，例如悬垂起的后空翻之类动作是被禁止的。

高难动作

（1）李宁摆上

后悬垂前摆上成支撑。

（2）李宁正吊

支撑后翻经后悬垂前摆上成支撑。

（3）李小双十字

从支撑开始慢落下成悬垂直臂压上成十字2秒。

（4）吊环楼云

吊环动作反握向前大回环向前翻转体360度呈单臂扭臂悬垂；后摆同时转体360度呈反握手倒立动作。

4．裁判评分

裁判员

（1）裁判组成

每个项目均由A、B两个裁判组组成。其中，A组裁判包括1名裁判员，1名技术助理；B组裁判包括6名裁判员，每位裁判员均配备1名助手。

（2）裁判权限

两组裁判在项目裁判委员会主席的指导下进行工作。

竞赛规则

（1）动作组成

一套吊环动作应由比例大致相等的摆动、力量和静止部分组成。

这些动作之间的连接是通过悬垂、经过或成支撑，经过或成手倒立来完成的，以直臂完成动作为主。由摆动到静止力量或由静止力量到摆动的过度是当代吊环项目的显著特点。环带不允许摆动和交叉。

评分从运动员脚离地做第一个动作开始。运动员可从静止站立跳起开始竞赛，或在教练员的帮助下成双手握环悬垂双腿并拢的良好静止姿势开始竞赛。不允许教练员帮助运动员起摆。

（2）名次排列

吊环决赛时每队最多2名运动员参赛，只有在团体赛中吊环成绩排位前8名或前6名者才有参赛资格，只比自选动作。将运动员在团体赛中规定动作与自选动作总得分的50%，加上吊环决赛中自选动作的得分，作为最后得分排列名次，得分高者名次列前。满分为20分。从1992年奥运会起，团体分不带入单项赛，仅以自选动作的竞赛成绩确定名次。满分为10分。

评分程序

（1）首次评分

2名裁判为动作的难度系数或起评分打分。

（2）最后得分

6名裁判为动作的完成情况打分。去掉最高分和最低分，取剩下4个分数的平均分数。用起评分减去上述平均分数，得出运动员的最后得分。

（3）异议处理

如果运动员得分相同，则由B组4个裁判根据选手的动作完成情况打分，最终得出一个平均分，平均分较高者获胜。

评分规则

（1）保护不当

保护者站在器械旁，仅为防止发生伤害事故，不得给予运动员帮助，否则除动作无效外，另扣0.4分。如果同时有两句保护者站在器械旁，将扣0.2分。

（2）违反纪律

违反纪律时，每次扣0.2分，具体情况如下：

①拖延　绿灯亮后或信号发出后拖延竞赛，最多30秒；

②准备　拖延或延长自己的准备活动时间；
③号码　错戴或未佩戴面号码布；
④重新　一套动作结束后重新上台；
⑤服装　违反服装的有关规定。

第七章

跳马运动的竞赛与裁判

1. 跳马的概述

基本状况

（1）跳马概念

跳马，从名字上看应该是跳过一匹马。而一个世纪以前，跳马器械真的是有一个假的头和尾巴的，后来才被去掉了，成了今天的那样。

是竞技体操项目，跳马运动是由用木马训练骑术演变而来。1896年男子跳马列入国际竞赛项目。现代跳马器械长 1.6 米，男子为纵马，竞赛时要做用手臂支撑一下的跳跃动作。

（2）跳马动作

跳马时，运动员向"马"的方向快速奔跑至放在马前的跳板，踏上跳板起跳，向前、向上腾空，然后用手推跳马表面使自己二次腾空，并在空中做出各种动作，最后落地。整个动作通常在 5 秒钟内完成。

（3）动作类型

跳马之前，运动员会给裁判一个信号表示自己跳马动作的类型。跳马类型说明是动作是直体还是团身、翻腾还是转体、或是各种类型的综合运用等信息。

不管哪种类型，运动员起跳后一定要用手接触跳马。每一种类型的跳马动作都有依其难度而定的分数。运动员的得分除了类型分，还要有身体姿态的保持、腾空飞行的高度、动作完成情况，以及落地时的稳定性。

历史发展

（1）跳马起源

跳马源于罗马帝国末期的骑术训练。初跳真马，后改为与真马外型相似的木马，并配有马鞍。

1719 年将马腿改为立柱，1795 年德国的维斯首先去掉木马的马头，1811 年扬又去掉马尾，将两端改为圆形，马身用皮革包制。

1812 年德国体操家 F. L. 杨在体操场上，设置了一种用作跳跃练习的无头有尾有鞍的木马。

1820 年，瑞典体操学派创始人 P. H. 林的体操馆中，除了有 3 匹有头有尾的木马外，还出现了跳箱、山羊等跳跃器械。

1836 年德国的施皮茨在学校体操节首次表演跳马，1877 年德国规定跳马必须助跑 6 步，从正侧两个方向过马和做 1 至 2 次支撑动作。

马长 1.60 米，男子跳纵马，马高 1.35 米；女子跳横马，马高 1.20 米。

1877 年德国举行的体操竞赛中，男子跳马规定动作有 6 步助跑的限制，并规定了从正、侧两个方向过马和撑手 1 次至 2 次的动作。

（2）竞赛项目

1896 年，男子跳马被列入国际竞赛项目。

1960 年以前国际竞赛男子用的纵跳马长 1.80 米，高 1.30 米。以后改为长 1.60 米，高 1.35 米。男子跳马的助跑距离目前为 25 米，助跳板最高点高度为 0.015 米。正式竞赛用的跳马有具体规格要求。

从 1992 年奥运会起，团体分不带入单项赛，仅以自选动作的竞赛成绩确定名次。男、女跳马分别于 1896 年雅典奥运会和 1952 年赫尔辛基奥运会被列为奥运会竞赛项目。

（3）现行规定

随着 2001 年至 2004 年体操新规则的执行，体操运动员做跳马时用的马也要换成新的。新马的马面是一段水平面和一段斜面的连接，总长为 1.2 米，马内有弓型钢板以增强弹性，新马的宽度为 0.9 米，男女跳马从外形上完全一样，只是在高度上不同，男用仍为 1.35 米，女用为 1.25 米。

从 2006 年使用体操新规则起，得分不设上限。由 A 分和 B 分两部分组成。A 分为难度分，不设上限。B 分是完成分，满分 10 分。团体预赛前 8 名获得决赛资格。每队最多有 2 人参赛。

跳马类别

（1）男子跳马

男子运动员在竞赛中要做用手臂支撑一下的跳跃动作，包括各种水平腾越、手翻转体、手翻接空翻和第 1 腾空或第 2 腾空加做转体等，各种动作都有相应的难度。

（2）女子跳马

女子跳马为横跳马。竞赛用的跳马的长、宽与男子相同。1975 年以前，马高 1.10 米，随着女子跳马技术的发展，第 2 腾空难度的增

大，从 1976 年起，马高改为 1.20 米。助跳板规格与男子同。

女运动员也要完成各种支撑跳跃动作。动作类型有：各种手翻，手翻接空翻，手翻接空翻并转体，水平腾越，各种第 1 或第 2 腾空的转体动作。

20 世纪 50 年代初期和中期，女子跳马动作以倒立转体、手翻类动作为主。20 世纪 60 年代，随着训练水平的提高，技术有了一定的发展。进入 20 世纪 70 年代，有了空翻转体和跳起转体再撑马等类型动作。

2. 器材设施

场地

（1）场地的选择

跳马练习者要选择空旷、通风的体操馆作为运动场地，这样有利于运动中氧气的供应和二氧化碳的扩散，从而有益于练习者的身心健康。同时，场地还要尽可能考虑到光线、卫生条件等因素。

（2）场地的要求

场地上一定要铺设垫子，厚度应该在 0.18 米至 0.22 米之间，就于练习者动作结束时的缓冲，以免因为压力而使练习者的脚部或者腰部受伤，造成不必要的后果。

男子器材

男子跳马高 1.35 米。跳马是由助跑开始的，以双腿并拢起跳完成的跳跃腾空动作。跳马的助跑最长距离为 25 米，助跑允许中断，但不允许返回重新跑。跳马要求腾空有一定的高度和远度。

女子器材

（1）器材规定

女子竞技体操的跳马是横马，由马身、马腿和底座组成。马身长 1.6 米至 1.63 米，马身宽 0.35 米至 0.36 米。马高依据不同年龄组而有所区别，成年组为 1.25 米，少儿组为 1 米。马腿是铁质的，可升降。

（2）辅助器材

放在跳马前方帮助起跳的器材叫弓形助跳板，它也是跳马的一个不可缺少的器材，板高 0.2 米至 0.30 米，是用胶合板制成的，有一定的弹性。所有跳马动作必须用双手撑马，助跑的长度根据个人安排。

3．技术动作

发展过程

跳马动作是由用木马训练骑术演变而来。如跨上跨下的动作演变为鞍马的单腿摆越；跳上跳下的动作发展为跳马运动。

20世纪50年代为后摆水平腾越；20世纪60年代为手翻腾越和山下跳；20世纪70年代"原跳"问世后，跳马技术进入了手翻接空翻时期，以后又出现了复合多轴空翻。

至20世纪80年代又向多周转体发展；20世纪80年代末至90年代初，手翻接空翻2周的动作增多，同时又出现了踺子上板后手翻接空翻动作。

高难动作

（1）王惠莹转体

前手翻直体前空翻转体180度。

（2）程菲跳

跳马"独门绝技"，全名是"踺子后手翻转体180度接前直空翻540度"。

（3）楼云跳

"前手翻直体前空翻转体540度"。

（4）卢裕富跳

侧手翻转体90度屈体后空翻两周。

（5）李小鹏跳

踺子后手翻转体180度直体前空翻转体900度。

4．评分规则

基本规则

（1）试跳

男女运动员跳马的助跑距离最长为25米。所有跳马动作必须通过用手推撑跳马来完成。第一次跳马结束后，运动员应立即返回到开始位置，出示信号后，再进行第二次试跳。

（2）动作

以男子跳马为例，运动员在资格赛、团体决赛和全能决赛中必须完成一个跳马动作。想获得跳马决赛资格的运动员在资格赛中必须跳两个动作，这两个动作必须是不同结构组的动作，而且第二腾空动作不能相同。

（3）号码

在完成每一次跳马动作之前，运动员必须向 A 组裁判员显示该动作在规则中对应的动作号码。号码显示牌可由他人帮助完成，出现显示错误时不对运动员进行处罚。

注意事项

如发生下列情况之一，则 A 组裁判员和 B 组裁判员出示零分：

运动员有助跑，踩了助跳板或触及马而没有做动作；

助跑中断，运动员返回第二次助跑，所跳的动作极差以至无法辨认或脚蹬马；

运动员任何一只手两次撑马；

运动员跳过没有支撑过程，即两手都没有触马；

运动员没有用脚先落地，这意味着至少有一只脚必须在身体其它部分之前接触垫子；

运动员故意侧向落地；

静止动作、分腿动作、第一腾空有空翻，上板动作前做动作；

在资格赛中，运动员想获得单项决赛资格及在单项决赛中，运动员在第二跳时，重复第一跳的动作。

规则修改

跳马上的改动比较小，运动员使用频率比较高的动作难度价值稍有调整，尤尔琴科转体 540 度这个动作的难度价值下降了 0.2 分，新规则下是 5.3 分的 D 分价值，其它动作基本上保持原来的价值没有受到较大的影响。

总体来说，此次按照惯例修改规则，是针对旧规则中一些不合理的现象或者不利于体操发展的条款改动或者删除，同时增加了一些新鲜的连接加分因素，相信这些元素的运用都是为了促进体操运动更加良好的发展，增加竞赛的观赏性和偶然性，使竞赛也越来越激烈，越来越精彩。

第八章

双杠运动的竞赛与裁判

1. 双杠的概述

基本状况

（1）竞赛项目

是男子竞技体操项目。19世纪初，双杠已成为欧洲流行较广的一种健身项目。后来定型为体操器械。1896年列入奥运会竞赛项目。

（2）双杠标准

现代竞赛用双杠由4根立柱架设两根平行的木制横杠制成，杠长3.5米，高1.75米，可升降。双杠竞赛的成套动作由摆动、摆越、屈伸、弧形摆动、回环、空翻和静止用力等动作组成。成套动作要求以摆动和腾空为主。

历史发展

（1）双杠起源

双杠起源于德国，1811年德国体操家扬在柏林郊外的哈森海德体操场首次安装这种体操器械。

1812年后成为德国体操学派传统的锻炼项目。19世纪中叶，瑞典体操学派的学说流入德国，在瑞典学习过体操的柏林皇家中央体育学校校长H.罗特施泰因认为单杠、双杠对青少年的生理有害，把德国传统的单、双杠排除于体操教学之外。

1860年前后发生了一场争论，柏林体操联盟的3个人写了反对取消单、双杠的抗议书，医务参事官等19名医生进行了专门的研究，认为双杠运动符合人的生理特点。德国最高医务机关接受了后者的论点，从此双杠在体操运动中才站稳了脚跟。

（2）竞赛项目

从第一届奥运会起，双杠被列为体操竞赛项目。双杠的成套动作按规则规定应该有摆动、摆越、屈伸、弧形摆动、回环、空翻和静止用力等。运动员做成套动作时，必须以摆动和腾空动作为主，也可以有适当的静止和用力动作。20世纪初期，双杠动作中静力性动作较多，以后，摆动动作的比重逐渐增加。在20世纪30年代，已有了前

摆转体180度成支撑、后空翻成支撑等动作。

在1936年奥运会上，德国运动员自选动作中包括一个后空翻分腿摆越成支撑。20世纪50年代和60年代，双杠技术动作又有了新的改进，如幅度加大，前摆转体180度成手倒立、后空翻成手倒立等摆动接静止姿势的动作增多；前摆转体360度成手倒立出现；空翻转体类型下法增加等。日本、意大利、苏联、美国和中国的一些优秀体操运动员，在双杠技术动作上都有不少创新。

20世纪70年代中期，空翻两周下被普遍采用，空翻两周加转体类型的下法也已出现，杠上杠下动作联接幅度也加大了。

基本特点

（1）静力性和动力性动作组成

双杠是器械体操项目之一。双杠可以在一杠或两杠的正向、侧向上通过各种支撑、挂臂、悬垂做各种摆动、摆越、屈伸、弧形、转体、回环、滚翻、空翻和各种静止姿势与用力动作。其动作内容丰富，类型全面，有简有繁、有易有难，可在杠中、杠端、杠上、杠下变换各种动作，主要是由静力性和动力性动作组成。对锻炼身体，发展力量素质，有着重要的作用。

（2）柔韧性和灵活性得到增强

双杠练习主要是在负担自身体重情况下，发展支撑和支撑摆动的典型动作练习。对弥补上肢和躯干力量发展的不平衡有重要作用。通过双杠教学，能有效地发展学生上肢、肩带、躯干肌肉群力量，特别对三角肌、胸大肌、腹、背肌的发展有显著效果，使肘、肩、腰关节、韧带的柔韧性和灵活性得到增强。

双杠练习中，通过形式多样的支撑摆动、分腿、转体、推手等动作练习，提高人体在时间和空间的自我调节和控制能力，对学生平衡能力、支撑力和协调性发展，都有积极的作用。

（3）素质形成和意志品质培养

在双杠练习中，由于动作的变化，有时会因分腿坐或转体180度而碰杠、擦杠，以及整套练习对连续性和完整性要求较高，不仅需要勇于克服困难、顽强、果断，而且还需要掌握自我保护和相互保护帮助的技能，以确保活动安全。因此，双杠练习对运动员良好心理素质

157

的形成和意志品质的培养，有积极的促进作用。

通过双杠练习，运动员支撑能力、支撑超越障碍的能力以及空间感知定向能力和平衡能力等均会有很大提高，对日常生活、劳动，及军事训练中实用技能的形成和提高，也都有良好的效果。

2. 场地器械

场地设施

（1）场地的选择

双杠的场地要求务必平整结实，否则会容易导致练习者受伤。地面上还要有垫子，垫子的厚度要求在 0.18 米至 0.22 米之间就可以。垫子可以在练习者下杠的时候进行缓冲，减少脚部和腰部扭伤的机率。

（2）场地的要求

双杠运动是一项强度比较大的运动，最好选择空气比较好的地方，这样有利于运动员的身心健康，提高成绩，达到最好的效果。

如果是在健身房进行双杠运动，还要考虑光线因素，健身房里一定要保持良好的通风和卫生条件。同时最好在四面安装镜子，这样有利于运动员训练时纠正自己的动作错误。

双杠规格

（1）结构要求

①杠子　这个器械由两根相同规格的杠子组成；

②平行　两根杠子平行，在同一高度；

③立柱　每根杠子由两根竖直立柱支撑，立柱下面是一个起固定作用的底座；

④调节　支撑竖直立柱包括一个固定部分和一个可移动的部分，这样可以调节双杠的高度和宽度；

⑤相同　杠子的横截面成水滴型，整根杠子的横截面都是完全相同的；

⑥弹性　杠子必须是有弹性的。为保证弹性能发挥效力，杠子与

支撑立柱的连接点必须是活结；

⑦摆动　杠子不能明显的纵向和横向摆动；

⑧稳定　整个器械必须是稳定的；

⑨打滑　杠子的表面必须能吸收水分，同时不易打滑；

⑩木头　杠子表面必须由木头制成。除了打磨之外，不能对其表面进行任何其他处理；

⑪尖锐　器械不能有尖锐的边、角或其他突出的部分；

（2）技术数据

①长度　杠子长度3.5米，允许误差0.01米；

②纵轴　横截面纵轴高度0.05米，允许误差0.001米；

③横轴　横截面横轴高度0.04米，允许误差0.001米；

④距离　从杠子上端到地面的距离1.95米，允许误差0.01米；

⑤之间　两根杠子之间的距离0.42米至0.52米；

⑥固定　两根支撑立柱的固定部分之间的距离至少为0.48米；

⑦垫子　垫子的高度0.2米，允许误差0.02米；

⑧颜色　杠子保持木头原来的颜色；

（3）教学双杠

用于教学训练的双杠可采用不同的装置与规格，其中有可移动的低双杠，高0.2米至0.5米；固定式低双杠，高0.5米至1米；半自动调节双杠，高1米至1.5米；双杠高1.75米。

服饰装饰

（1）竞赛时

竞赛时要求一定是正规的体操服，不能有任何饰物；

（2）训练时

训练时的服装可以根据季节进行调整，寒冷的时候可以穿厚点，等身体发热后，再穿体操服进行杠上训练。

3. 技术动作

基本技术

（1）双杠作用

双杠动作可由支撑或悬垂做，也可由侧撑或正撑做。练习双杠动作对发展人体上肢和腹背肌肉的力量有良好的作用。

（2）动作组成

双杠是由众多结构组中选出的摆动和飞行动作组成，通过各种支撑和悬垂动作来过渡完成。在双杠项目上做上杠时，要求必须从并腿站立姿势开始，不得有预先动作，一套动作中最多允许有 3 个停顿动作或静止动作，其他大于或等于 1 秒的停顿将不被允许。

（3）综合运用

在所有的项目中，双杠提供给运动员最大的做动作的空间，自由体操、吊环、鞍马的许多动作都可以在双杠中运用。双杠让运动员表现他们的力量和平衡。

（4）灵活掌握

多数双杠动作要求运动员双手或单手脱杠，这使运动员的平衡及时间感显得特别重要。双杠动作允许最多 3 次 1 秒钟以上的停顿。动作要求有回环、腾空，以及力量支撑，（通常回环与腾空应多于支撑动作）。在所有的双杠动作中，运动员的肩臂肌肉应保持紧张。

（5）不同方法

运动员上杠可以有不同的方法，包括助跑后通过跳板上杠。下杠可以包括前、后空翻及转体等。

成套动作

（1）基本要求

这套动作由挂臂屈伸上成分腿坐开始，接前滚翻成分腿坐，再由弹杠举腿支撑后摆转体 180 度成分腿坐，接支撑前摆转体 180 度下组成。动作虽不多，但难度较大，整套动作身体上、下起伏大，不仅有经过头部的翻转动作，而且有前、后转体动作。要求整套动作连接紧

凑、幅度大、姿态美。

一套现代双杠套路应该主要包含从可利用的动作组中挑选出各种摆动和飞行动作，通过各种连续的悬垂摆动和支撑组合完成，以这样的方式反映充分利用器械的能力。

选手开始双杠上杠和动作开始前的助跑必须以并腿静止站立开始。成套开始于单或双手握住器械瞬间，但当双脚离开地面时才开始评难度。以摆动一条腿或迈步进入是不允许的，双脚必须同时离开地面。

上杠时允许在规定落地垫上放置助跳板。不允许有多余动作。意思是在（单手）抓杆前或者双手抓杠时不能完成任何绕身体轴线超过 180 度的动作，选手必须保证所能完成动作的安全性且具有美感和高技术精度。

（2）动作要点

①上杠时　收腹举腿翻臀，前上打腿展髋，压杠急振跟肩分腿坐杠；

②滚翻时　屈臂用力提臀起，及时换握大分腿；

③弹杠时　小腿屈伸弹压杠，用力撑杠早并腿；

④转体时　后摆过杠分腿，纵轴转体换握撑；

⑤下杠时　踢腿远伸展髋，脚尖带动转体，依次推杠换握。

（3）重点掌握

抓好成套组合中的各组动作，主要包括上杠、滚翻、后摆转体 180 度成分腿坐，支撑前摆转体 180 度挺身下。

①姿势　在基本姿势上，重点注意腿的要求，除弹杠动作外，在双杠上腿要始终保持伸直姿势。这是提高动作质量最主要的因素；

②心理　在身体和心理素质上，重点提高上肢、肩带和腹背肌力量，增强耐力，克服害怕心理；

③能力　在能力上，重点掌握主要动作的保护与帮助的方法。增强安全意识。

（4）训练方法

先练好单个动作，提高熟练性，再进行组合练习。可以从两三个动作的小组合，过度到全套组合也可以分前半套和后半套进行练习。

重点抓好上、下杠。因为上、下杠难度较大，又是成套组合的主

要动作，同时影响成套动作的效果。因此，要抓两头带中间。做下法练习时，可先在低杠或杠端练习。

在垫上俯撑开始，蹬地分腿转体180度成分腿坐。进一步复习体会转髋分腿技术。

连续的挂臂摆动和支撑摆动练习。提高力量素质和掌握正确的摆动技术。

4．单个动作

挂臂摆动屈伸上成分腿坐

（1）基本要求

由挂臂摆动开始，两腿向前上方摆起，接着收腹屈髋成屈体挂臂撑，随即利用收腹屈体的反弹力，迅速用力向前上方伸腿展髋，并立即制动腿。同时用力压臂跟肩成分腿坐。

（2）技术要点

①挂臂 挂臂摆动时不塌肩、肘微屈，手握杠面偏外侧，快速摆腿；

②收腹 收腹屈髋成屈体挂臂撑要富有弹性；

③伸腿 伸腿展髋要立即制动腿，然后压臂跟肩成分腿坐。

（3）重点掌握

①摆动 摆动幅度要大，屈伸有弹性；

②配合 展髋、压臂、跟肩、分腿配合好。

（4）训练方法

①姿势 练习时可以先做挂臂摆动练习，体会挂臂正确姿势和摆动动作要点，注意先做小摆动，逐渐加大摆幅练习；

②臀部 反复练习挂臂撑收腹举腿成屈体挂臂撑，要求臀部翻出杠面以上；

③屈体 在垫上屈体仰卧，两臂体侧压垫，做向前上方伸腿展髋，跟肩成分腿坐练习；

④腿坐 杠上屈体挂臂撑开始，伸腿展髋，压臂跟肩成分腿坐；

⑤支撑　支撑摆动臂屈伸，发展上肢和肩带力量，保护与帮助下完成练习；

⑥上杠　保护者托扶臀、背，帮助完成上杠。

前滚翻成分腿坐

（1）基本要求

前滚翻成分腿坐是双杠典型的向前滚翻类动作。其技术特点，主要是依靠身体各部位的依次撑杠滚动来完成动作。有时还必须有一定的上肢力量和对身体的控制能力与空间定向能力，表现出良好的灵敏性、协调性和技巧性的特点。

从技术原理分析，滚翻的前半部分，先要两腿夹杠立髋，是为提高身体重心的高度，减少下肢重力的影响，节省用力，便于滚动。手靠近大腿撑杠，以及配合做上体前倒、屈臂、低头、含胸、屈髋、提臀、肩着杠等，都是为了缩短转动半径，加大翻转速度，使身体能经过头部向前翻滚。后半部分，当臀部翻过头及肩部的支点后，两臂要迅速换握成挂臂撑、压杠，是为了避免臀部翻至杠下，从而保持身体在杠水平面上。通过手、肩、臂、手、腿的依次撑杠滚动，连贯地完成动作。此外，分腿下压和压臂跟肩，也是为加大转动速度，有利于上体抬起成分腿坐。

（2）技术要点

①前半部　手靠大腿前撑杠，两腿夹杠要立髋，屈臂用力提臀起，两腿离杠肩前移，两肘外分肩着杠，屈体前滚臀过肩；

②后半部　迅速换握成屈体挂臂撑，分腿、压臂、跟肩成坐撑。

（3）重点掌握

①离杠　立髋、撑杠、提臀，使腿离杠；

②分腿　换握、压臂、压腿，成分腿坐。

要求努力做到动作连贯、圆滑、协调、姿势舒展大方。

（4）训练方法

①屈体　在垫上屈体仰卧，手于肩上撑垫，当向前滚动时，经换手撑地跟肩成分腿坐。反复练习；

②分腿　在低双杠上放垫子，由分、并腿站立开始，做前滚翻分腿坐在垫上；

③动作 在保护与帮助下在杠上做完整动作。

支撑前摆向内转体180度下

（1）基本要求

支撑前摆向内转体180度下，是双杠典型的支撑摆动转体类动作。特点是运用支撑摆动、沿身体纵轴转体和依次推杠系列技术的有机结合来完成动作。因此，需要有较好的支撑、控制、定向、协调的能力。

（2）动作要点

①前摆时 立肩、展髋、踢腿、远伸，身体伸直顶肩，拉开肩角远伸；

②转体时 接近极点转体，向右前方伸腿展髋，以脚带动左转，依次推杠换握；

③落地时 屈膝缓冲，保持身体平衡。

（3）重点掌握

①掌握 掌握正确的支撑摆动和转体的方法；

②明确 明确含胸顶肩，依次推手换握的方法。

（4）训练方法

①站立 站立模仿练习。由一腿站立，一腿前摆同时配合两臂的推撑动作，做前摆转体180度的练习，体会上、下肢的协调配合；

②仰撑 由地面仰撑开始，做推手转体180度成俯撑练习，体会顶肩推手换撑的要领。

③摆动 复习支撑摆动和前摆挺身下；

④前摆 在低杠上练习支撑前摆向内转体90度下，体会转体动作的前半部分技术；

⑤体会 在帮助下做支撑前摆向内转体180度下，体会完整动作技术；

⑥完成 由小摆动逐渐加大摆动幅度，争取独立完成动作。

重复练习，提高质量，观摩分析纠正错误。

双杠臂屈伸技巧

（1）基本要求

双手分别握杠，两臂支撑在双杠上，头正挺胸顶肩，躯干、上肢与双杠垂直，屈膝后小腿交叠于两脚的踝关节部位。肘关节慢慢弯屈，

同时肩关节伸屈，使身体逐渐下降至最低位置。稍停片刻，两臂用力撑起至还原。

（2）动作要点

①慢　下放的速度要慢，并尽量降低；

②晃　身体不可随意晃动，要保持平衡；

③摆　不要在身体的前后摆动中完成动作。

（3）动作节奏

下放 2 秒左右，静止 1 秒至 2 秒，撑起 2 秒。

5．裁判评分

裁判配备

（1）裁判职责

每个项目上均由 A、B 两个裁判组组成。A 裁判组负责记录和评判：难度、特殊要求和加分。B 裁判组的职责是从技术、姿态及优美性来评定动作的完成情况。

（2）裁判权限

两组裁判在项目裁判委员会主席的指导下进行工作，裁判员要以评分规则为依据，根据场上情况，在 A 裁判组或在 B 裁判经准确、迅速地记进行评分。A 组裁判员将在考试成绩优秀并且实践经验丰富的裁判员中经抽签决定。

基本要求

运动员要了解评分规则的内容，了解和遵守为保证竞赛顺利进行而制定的所有细则。

（1）服饰要求

参赛的必须穿规范的体操服，有团体整队的要穿统一的服装。在竞赛中，所有参赛者必须穿长裤，体操鞋或袜子，在所有竞赛中都要穿背心，对于有违反服装规定的个人，将以非体育道德行为从所涉及的每一项的最后得分中扣除。对违反服装规定的团体成员，从所涉及的每一项的成队总分中扣 0.2 分。

（2）安全要求

为避免伤害事故，同时在心理上给予运动员支持，允许有一名辅助人员站器械旁或附近。如果给予了运动员帮助，则既不承认在帮助下所完成的那个动作，还要扣 0.4 分。如同时有 2 名教练员站在器械附近，将扣 0.2 分。允许运动员使用绷带和护掌，但必须完好坚固。

（2）时间要求

运动员在每个项目上都有权利做 30 秒钟的准备活动，团体为 150 秒，本队或同组中的运动员应保证让最后一名运动员也能有 30 秒的准备活动。

（3）礼貌要求

在每项竞赛前，即当绿灯的或裁判长发出信号后，运动员要保持立正姿势，举臂向项目裁判委员会主席示意，在一套动作结束时，先立正，并转向项目裁判委员会主席示意，然后再下场。

（4）行为要求

竞赛进行的，不允许运动员、教练员与裁判员讲话。未经许可，运动员无权离开竞赛场地，否则将取消其竞赛资格。不守纪律或非体育道德行为将视为违反规则，每次由项目裁判委员会主席扣 0.2 分，如：绿灯亮后或信号发出后拖延竞赛，最多 30 秒，拖延或延长自己的准备活动时间，错戴或未佩戴号码，一套动作结束后重新上台，另有或未经允许的教练员出现在器械旁，违反服装的有关规定。

（5）动作要求

原则上讲，在所有竞赛中，成套动作不允许重做，只有当运动员并非由于自身的过失而不得不中断成套动作时才允许重做，项目裁判委员会主席将决定一套动作是否可以重做。

运动员可以要求技委会主席将单杠或吊环调高到适合自己身材的高度，类似要求不会被无理拒绝。该要求必须在正式场地训练开始至 24 小时提交技委会主席处，运动员自己不得自行调整高度。

双杠是由众多结构组中选出的摆动和飞行动作组成，通过各种支撑和悬垂动作来过度完成。在双杠项目上做上杠时，要求必须从并腿站立姿势开始，不得有预先动作，一套动作中最多允许有 3 个停顿动作或静止动作，其他大于或等于 1 秒的停顿将不被允许。

6. 评分原则

基本原则

（1）决赛

双杠决赛时每队最多2名运动员参赛，只有在团体赛中双杠成绩排位前8名或前6名者才有参赛资格。只比自选动作。将运动员在团体赛中规定动作与自选动作总得分的50%，加上双杠决赛中自选动作的得分，作为最后得分排列名次，得分高者名次列前。满分为20分。

（2）得分

从2006年使用体操新规则起，得分不设上限。由A分和B分两部分组成。A分为难度分，不设上限；B分是完成分，满分10分。团体预赛前8名获得决赛资格。每队最多有两人参赛。

扣分细则

（1）失误扣分

①摆动　摆动一条腿或迈步进入上杠扣0.3；

②后摆　后摆落下扣0.3；

③严谨　一或两杠倒立瞬时姿态控制不严谨扣0.1；

④多余　多余动作扣0.5；

⑤倒立　倒立时脚或手位置调整每次0.1；

⑥展体　空翻再握杠前展体不足扣0.1分至0.3分；

⑦控制　空翻再握杠后没有控制住和/或击打到器械扣0.3/0.5。

（2）难度扣分

支撑后拜或挂臂悬垂并不是难度组成部分，但形成简单回摆和后摆落或慢落成悬垂和支撑将被扣分。例如：

①挂臂　挂臂后摆，落下成长振屈伸上；

②支撑　支撑后摆，落下成前摆上；

③悬垂　支撑后摆，落下成悬垂；

④屈伸　长振屈伸上成挂臂悬垂或者成瞬时支撑再返回称挂臂

悬垂；

⑤倒立　从倒立起，落下成向前肩滚翻。

禁止动作

以下动作和动作组是禁止的：未列入难度表中的力量和支撑动作；杠的上起的横向空翻和下法；重复完成的挂臂空翻和完成的屈臂支撑。

第九章

单杠运动的竞赛与裁判

1. 单杠的概述

单杠运动简介

单杠是男子竞技体操项目之一。经常从事单杠练习，对增强肩带、腹背肌力量和协调能力以及改善人们在不同空间判断方位的能力有较好的作用。1896 年，单杠被列为奥运会比赛项目。现代比赛用单杠由一直径 2.8 厘米的铁制横杠固定在两根支柱上，两端用钢索固定，横杠离地面 2.55 米。单杠成套动作全部由摆动动作组成，不能停顿。动作包括向前、向后大回环，各种换握、腾身回环，各种转体、扭臂握以及飞行动作。20 世纪 50 年代初，出现了分腿支撑后回环成手倒立动作。20 世纪 60 年代中期出现了高屈体腾越动作；20 世纪 70 年代日本运动员冢原光男创造了旋空翻下，中期出现了飞行动作，末期随着护掌的改进，出现了单臂大回环；20 世纪 80 年代中期向着飞行方面发展。

单杠运动的起源

单杠起源于德国。18 世纪末西欧国家的杂技表演出现抓住钢丝做大回环的动作，受此启发，1811 年德国体操家扬在柏林郊外的哈森海德体操场用一根木杠代替杂技演出的钢丝，首次安装了世界上的第一副单杠。1812 年将木杠改为铁制，后又改为钢制，杠的弹性和承受力增大。19 世纪 20 年代成为独立的比赛项目。杠长 2.4 米，直径 2.8 厘米，高 2.55～2.75 米。横杠两端分别固定在支柱上。单杠决赛时每队最多两名运动员参赛，只有在团体赛中单杠成绩排位前八名或前六名者才有参赛资格。只比自选动作。将运动员在团体赛中规定动作与自选动作总得分的二分之一，加上单杠决赛中自选动作的得分，作为最后得分排列名次，得分高者名次列前。满分为 20 分。从 1992 年奥运会起，团体分不带入单项赛，仅以自选动作的比赛成绩确定名次。从 2006 年使用体操新规则起，得分不设上限。由 A 分和 B 分两部分组成。A 分为难度分，不设上限。B 分是完成分，满分 10 分。团体预赛前八名获得决赛资格。每队最多有两人参赛。1896 年被列为奥运会比赛项目。

单杠运动的起源可追溯到人类的祖先原始人在丛林中进行的各种攀登、爬越、摆动、摆荡等练习。在当时那只是一种生活实用技能，后来随着社会的进化就逐步成为一种锻炼身体的手段。进入封建社会以后，它与祭神赛会逐步结合，其中"杠子会"、"杠子房"就是专门以练杠子为主的民间组织和场所。由于当时的器械采用在两根交叉的木棍上架一横杠，所以民间称之为"五根棍"，这是现代单杠器械的雏形。到清朝嘉庆年间，技术发展就有"上把"（倒立、大回环）、"中把"（各种挂膝、挂臂回环和转体）、"下把"（各种水平悬垂、上法和下法）等3大类动作，称得上是现代单杠运动的萌芽。在很长的时期内，人们把一切身体的活动，都称为体操。直到18世纪，德国出版的《青年体操》一书中，仍把所有的身体活动均称为体操。

单杠运动的发展

据史料记载，在18世纪以前体操还没有形成一个独立的体系。当时的体操都是和游戏、军事、祭祀、竞技等活动作为一个总的体育系统存在。直到19世纪初叶和中叶，先后形成了德国、瑞典两大体操体系和学派。涉及的面较为广泛，下面仅重点介绍有代表性的国家和有关人物。

在欧洲的发展

在欧洲，单杠器械出现于1812年。德国体操学派的创始人F·杨（1778～1852）（杨氏是把德国体操从学校的狭小圈子导向社会的第一人，曾被称为"德国国民体操之父"）和J·古茨穆茨（1759～1839，曾被称为"德国体操之祖"）得到当时西欧盛行的杂技表演的启发，用一根直径8公分粗的木棍作梁设置一副单杠，放在他自己创建位于柏林城外的体操场里用作健身训练。后来随着技术发展的需要，到1850年将木杠改为铁棒，到1862年捷克斯洛伐克举行第一次体操比赛中将其列为比赛的其中一个项目（这是最早的竞赛记载）。单杠被列为世界大赛的项目，则是1896年在雅典举行的第一届奥运会上，第一个单杠世界冠军获得者是德国人格·瓦英格特涅尔。

进入20世纪60年代，体操运动有了更广泛的发展，参加比赛的国家越来越多，各国普遍重视向难度、创新的方向发展。70年代以来，体操运动技术发展突飞猛进，出现了复合性空翻动作，为体操技术的发展开辟了新的领域，从而把体操项目的难度推向一个新的高度。因而各国都致力于难度和编排方面的创新，重视早期专门化习训练，派出年轻选手参加比赛，优秀运动员出成绩年龄大为提前，在难度、

质量、编排各方面达到了很高水平。同时参加团体赛的国家也日益增多，各国在团体赛中的比分差距逐渐缩小，全能和单项由一、两国独占优势的局面逐渐打破。根本改变了五十年代那种国际交往少，一个难新动作至少可保持好几年的状况。

在我国的发展

我国近代体操项目，主要是从国外传入，传入的途径有军事学堂和教会系统。在解放区开展的体摘项目主要有木马、单杠、双杠、爬竿和打秋千等。1940 年 5 月 4 日成立了我国第一个红色政权下的体肩组织"延安体育会"，会上推选朱德同志为名誉会长，他强调部队开展体操，特别是器械体操的重要性。1942 年 9 月 1 日，召开了扩大的延安"九一"运动大会，有 1300 多人参加此次盛会，其中就有单杠项目，为以后单杠项目的开展起到了积极的宣传和推动作用。1948 年 5 月在上海举行"第七届全国运动会"，第一次把体操列为表演项目，男子单杠虽有规定和规则，但难度很低，有的动作还完不成。

1949 年中华人民共和国成立以后，在党和政府的正确领导和关怀下，我国的竞技体操动作和其他运动项目一样，得到了迅速地发展，特别是竞技体操中的单杠动作发展更为迅速。1953 年在北京举行的运动会上，我国第一次将体操列人全国性比赛。但项目不全，男子有单杠、双杠、自由体操、跳箱 4 个项目。在 1984 年 7 月举世瞩目的第二十三届奥运会上，在单杠项目的比赛中，我国体操健儿为祖国东得习荣誉，获第二名。在 1985 年，我国参加了在加拿大的蒙特利尔举行的第二十三届世界体操锦标赛中，单杠项目获得金牌。1991 年 9 月 6 日至 15 日在美国印地安纳波利斯举行的第二十六届世界体操锦韦赛中，中国男队在代表团统一领导下，团结一致，顽强拼搏，经过十四天的激烈争夺，终于获得单杠二村奋牌的好成绪。在 1999 年的天津世界锦标赛中我国选手杨威获单杠第二名的好成绩。

单杠技术的发展

单杠技术动作的主要特征是除了挂膝上、屈伸上和挂膝挂臂回环等摆动动作外，还有大量的用力动作和静止姿势以及踏杠空翻下等动作。从 20 世纪进入第一个 10 年直到 20 世纪 60 年代末历时约半个世纪时间里，主要特征是淘汰了用力动作和静止姿势，全部以符合单杠运动特点的摆动动作组成，而且在下法、转体、脱手飞行等方面有所发展。

20 世纪 30 年代，单个技术有进一步发展。例如 1936 年在柏林举行的第 11 届奥运会上就出现了"扭臂握大回环"、"分腿燕式腾越下"、"团身后翻两周下"等较复杂的动作。此后因二次世界大战单杠技术的发展受到影响，直到进入 20 世纪 50 年代才恢复了世界性比赛。可以看出近代的单杠运动向前迈了三大步：一是器械由木杠改为铁棒，二是单杠被列为世界大赛项目，三是技术上有很大的进步，出现了转体、脱手飞行、大回环、空翻两周等较复杂的动作。以上三步为现代的单杠运动发展奠定了坚实的基础。

到 1952 年出现了分腿支撑后回环倒立（瑞士施塔尔德），1956 年出现向前大回环后摆直体腾越下（苏联伏斯特列柯夫），1958 年出现"前上转体 360 度，接后摆转体 360 度，"正吊"转体 180 度，成腾身撑（日本小野乔），1959 年出现直体后空翻转体 360 度下（前苏联里西斯基）。到了 20 世纪 60 年代中期出现分腿支撑前回环成手倒立（日本远藤）后摆上屈体越转体 180 度成悬垂（前苏联瓦洛宁）。

从 20 世纪 70 年代起直至现在，主要特征表现在技术上三次大的突破。

实现第一次突破的代表人物是日本体坛名将冢原光男。他在 1972 年第 20 届奥运会的单杠比赛中，成功地表演了一个新颖的空翻跳下动作（团身后空翻转体 180 度接团身前翻转体 180 度），当时国际体坛为之震动，给予极高的评价。由于该动作完成过程人体在空中的运动，有些像进入月球失重时的翻转，以当时称其为"月亮空翻"，我国体操称之为"旋"或"旋空翻"，国际体联命名为"冢原"空翻。冢原光男由此不仅夺得了这届单杠比赛的世界冠军，而且成为开创"复合多轴"空翻的先躯而名垂史册。时隔未久，我国河北运动员刘万发也很快地学会了这个动作并成功地用于比赛。紧接着国家集训队又对"冢原空翻"的技术进行改造，以"晚转体"的技术，使腾空高度和翻转速度都有很大的提高。"晚旋"（团身后空翻两周转体 360 度下）技术的出现，使旋空翻占有了更多的"空间和时间"，所以"团身后空翻两周转体 720 度下"、"直体后空翻两周转体 360 度和 720 度下"等更难的动作就纷纷涌现。在同一时期里，国际上也出现"京格尔空

翻下"（联邦德国），"斯特劳曼空翻下"（捷克斯洛伐克），"霍夫曼空翻下"（民主德国）以及团身后空翻三周下（前苏联）等更加复杂的高难跳下动作也都应运而生，把单杠的下法技术推向一个崭新的时期。

第二次是 20 世纪 70 年代中期主要是脱手飞行动作的突破，代表人物是民主德国运动员叶格尔、前苏联运动员特卡切夫、马凯洛夫。前者于 1974 年创造了分腿前空翻成悬垂，国际上称其为"叶格尔空翻"；后者创造了"前摆上分腿向后腾越成悬垂"和"后摆上转体 180 度向后分腿腾越成悬垂"，国际上称之为"特卡切夫腾越"和"马凯洛夫腾越"，随后又出现了前摆分腿后空翻转体 180 度成悬垂（德尔切夫空翻），这样就完全改变了过去那种飞行动作技术单一，腾空不高的局面。接着中国运动员熊松良又突破了扭臂握后摆上屈体前空翻成悬垂的动作，并成功地用于 1977 年世界大学生体操比赛，运动员黄健又攻克了向后大回环直体后空翻转体 540 度成悬垂的高难技术。随着时间推移，国际大赛上已经出现了团身前后空翻一周半越杠成悬垂和加转体 150 度成悬垂等更加惊险的飞行动作。而且飞行和飞行的直接连接，特别是"三连飞"已成为目前的潮流。

第三次是 20 世纪 70 年代末期至今，主要是单杠上出现了非习惯做法的新技术，例如"正握反掏"、"反握正掏"和"单臂大回环"。代表人物是多次全国单杠冠军获得者、山东运动员邹利敏，他的自选动作中不仅有"正握反掏"、"反握正掏"而且还有"单臂大回环"和"单臂接京格尔空翻成悬垂"等难新技术，这种非习惯的技术出现，为单杠技术的发展又开阔了一个新途径。例如单臂大回环转体 1080 度，单臂大回环接直体后空翻转体 540 度成悬垂等等尖端技术纷纷出现。从 1984～1987 的四年全国体操比赛中，共评出了 6 个项目、138 个难新动作，有单臂大回环接直体京格尔 540 度抓杠，团身前空翻三周下，前摆分腿反方向前空翻抓杠。在 1989 年的新评分规则中又出现了以中国人命名的难新动作，肖瑞智的前摆分腿反方向前空翻抓杠（D 组）。

现代的单杠运动有了标准的器械，其规格由国际体联规定。现代单杠比赛，动作全部由摆动动作组成，要求连续不断没有停顿。成套动作

应包括长短半径的摆动和回环动作、纵轴转体动作、横轴空翻动作、脱手再握飞行动作和高跳下动作等。比赛时由于人体始终处于各种复杂的运动状态下，加上摆幅大、上抛高，显得特别惊险，特别扣人心弦。所以单杠运动被人们称之为勇敢者的运动，单杠运动也因获得了"器械体操"之王的美誉。单杠技术的这三大突破，使其产生了三次飞跃，直到目前为止，他们的潜力还在不断迸发出来，各种难新动作和复杂连接的讯息，随着电波，在国际体坛的家庭中迅速地传播着。

总之，单杠运动项目经历了古代、近代、现代三个发展阶段，阐述了单杠运动项目的来源、器械的更新、动作技术不断向复杂方向发展，揭示了现代单杠运动项目是经历了一个漫长的发展过程。单杠运动项目能发展到现在如此高的水平与国际三大比赛、动作技术的不断发展和规则的不断更新是分不开的，这些都大大促进了单杠运动项目的发展。

从事单杠运动，不仅能培养勇敢果断、沉着机智等优秀的意志品质，而且对发展多种身体素质，提高空间三维定向能力均具有十分显著的功效。所以它不仅吸引了不少勇于探索的青少年参加，而且在体育训练和军事训练中历来都有着十分重要的地位。

单杠运动的现状

单杠运动是男子竞技体操竞赛项目之一，其三大比赛是奥运会体操比赛、世界体操锦标赛、世界杯体操比赛。比赛采用的器械是"活动式"单杠。结构包括立柱、横杠、拉链装置三大部分。横杠多半采用高碳弹簧或镍铬等优质钢制成。规格为杠长 240 公分，杠粗 2. 公分，杠高少年组为 220 公分，成年组为 255～275 公分。

单杠运动的特点

单杠高 2.55 米，整套动作都是由摆动动作组成，它以各种握法不间断地完成动作，共包括大回环、近杠动作、围绕身体纵轴的转体及飞行动作。允许有两次过杠下垂面的单臂摆动动作。单杠要求有一定难度的腾空动作等特殊要求。

单杠项目经常被安排在体操比赛的最后进行，因为双杠是最具观赏性的项目，通常也是观众最喜欢的。同时单杠也是最危险的，因为一套单杠动作几乎全部是不停顿的回环动作，并且至少要有一次双手离杠（然后重新抓杠）的动作，至少一次背部朝向单杠的动作，至少一次转体动作。

单杠的握杠方式很重要，它有三种形势，即正握（掌心朝前）、反握（掌心朝后）和交叉握（一只手正握，一只手反握）。采用什么握法由不同的动作方向而定，不管采用哪种握法，最重要的一点是：大拇指必须指向你移动的方向。否则回环时很容易因抓不牢单杠而落地。例如，前回环时应正握，拇指指向前；后回环时应反握，拇指指向后。

单杠的下法同样是最精彩的部分之一。很多运动员可以腾空至近四米的高度，同时做一些令人眼花缭乱的空翻、转体等，最后稳稳地落地。

1896 年，单杠被列为奥运会比赛项目，在技术上得到了迅速的发展。20 世纪 30 年代，各种大回环和转体动作已非常普遍，并出现了扭臂握大回环、后空翻两周下和振浪分腿下等新动作。20 世纪 50 年代初，出现了分腿支撑后回环成手倒立和腾越类动作。在 1958 年第 14 届世界体操锦标赛上，日本运动员小野乔首先做了向前大回环转体 360 度，接一手扭臂握一手反握大回环再转体 360 度，接后摆转体 360 度成悬垂这样复杂的连接。在下法上也出现了空翻转体类动作。20 世纪 60 年代中期，出现了高屈体腾越动作，并且大大减少了连接动作中间的大回环，使成套动作的编排更加紧凑精彩。1972 年在慕尼黑奥运会上，日本运动员冢原光男以团身后空翻转体 180 度接团身前空翻转体 180 度下这一动作，夺得了单杠比赛的金牌，这一崭新的复合空翻类动作的出现，开辟了体操运动新的技术领域。20 世纪 70 年代中期和末期，一些脱手再握动作发展为空翻再握杠动作。向后大回环前摆，向后分腿腾越成悬垂和后空翻 3 周下也出现了。20 世纪 70 年代末期，随着护掌的改进，单臂大回环出现，单杠技术的发展更加日新月异。

正式比赛用的单杠有具体规格要求。训练用的单杠可有各种类型和规格：有木质半固定式单杠，杠高 1200～2600 毫米，可自由升降，木柱埋入地下不少于 1000 毫米；有联合固定式（或半固定式）单杠，几副单杠作为一组，有的全组单杠高度相同，有的是依次增高。

单杠运动是竞技体操中最惊险的一个运动项目，基本动作有摆动、屈伸、回环、转体、腾越、空翻等，可以培养勇敢顽强的意志，对改善人们在不同空间判断方位的能力，提高身体的柔韧性和协调性都有较好的作用。

2．设施器材

单杠结构

两根支撑立柱水平支撑一根圆杠，圆杠直径保持不变，组成单杠；支撑立柱竖直立在地面上，下面有底盘；用 4 根绳索将单杠拉成直立，4 根绳索和地面的 4 个地钩相连。

单杠标准

直径 0.028 米；两个连接点之间的距离 2.4 米，允许误差 0.01 米；套节之间的距离至少为 2 米，允许误差 0.01 米；从地面开始测量到单杠顶端的距离 2.75 米，允许误差 0.01 米。

地钩间距

横向 5.5 米，允许误差 0.05 米；纵向 4 米，允许误差 0.05 米。

功能特性

（1）高度调节

必须能通过高度调节增加 0.05 米的高度。

（2）具备弹性

单杠必须有弹性，保证不能折断。弹性不仅来自杠子，器械整体也有弹性。这就是地板钩、支撑立柱、钢绳的安装和拉紧度必须严格遵守要求、保证统一弹性的原因。杠子和支撑立柱之间必须通过活结相连，以保证有效的弹性。

（3）保持稳固

杠子必须允许在上面做转体和滑行动作，同时不易打滑，整个器械必须是稳固的。在使用时，支撑立柱不能移动或摆动。

（4）材料上乘

在使用时，杠子和拉紧绳索不能产生干扰声音；使用的材料最好纤细，不能妨碍视线。

3．技术动作

技术特点

（1）摆动动作

单杠整套动作都是由摆动动作组成，它以各种握法不间断地完成

动作，共包括大回环、近杠动作、围绕身体纵轴的转体及飞行动作。允许有两次过杠下垂面的单臂摆动动作。单杠要求有一定难度的腾空动作等特殊要求。

（2）具观赏性

单杠项目经常被安排在体操竞赛的最后进行，因为双杠是最具观赏性的项目，通常也是观众最喜欢的。同时单杠也是最危险的，因为一套单杠动作几乎全部是不停顿的回环动作，并且至少要有一次双手离杠（然后重新抓杠）的动作，至少一次背部朝向单杠的动作，至少一次转体动作。

（3）握杠方式

单杠的握杠方式很重要，它有 3 种形势，即正握（掌心朝前）、反握（掌心朝后）和交叉握（一只手正握，一只手反握）。采用什么握法由不同的动作方向而定，不管采用哪种握法，最重要的一点是：大拇指必须指向你移动的方向。否则回环时很容易因抓不牢单杠而落地。例如，前回环时应正握，拇指指向前；后回环时应反握，拇指指向后。

（4）单杠的下法

单杠的下法同样是最精彩的部分之一。很多运动员可以腾空至近四米的高度，同时做一些令人眼花缭乱的空翻、转体等，最后稳稳地落地。

基本动作

（1）引体向上

先上杠，接着将腰部及腿部放松，这时候你会感觉你的腰被下半身向下拉，非常的舒服，这个动作能确保你的腰部是放松的，之后才能够一鼓作气的使出腰力。

将小腿微微向前踢，这个时候腰部仍是放松的，慢慢的摆动小腿，你会发现身体只会呈现微微的摆荡。摆荡时，小腿向前时，腰部反而会向后，有些人摆荡时，腿向前，但是动作过大，反而将腰部也带向前，这点要特别注意。

熟悉了这种摆荡的感觉后，在腰部在单杠后的时候，双手及腰用力迅速向上拉过杠，再将双手放松，回复原来姿势。这样的摆荡，只有在上拉时才用力，小腿向前踢的动作是很小的，几乎不使力。跟那

种大幅度摆荡的动作是完全不同的，请特别注意到这点。

（2）跳上成支撑

跳上成支撑动作是由站立悬垂开始，两脚蹬地跳起，同时两臂压杠成支撑。这一动作技术较为简单，但正确完成支撑姿势却不是人人都能做到的，支撑动作对身体平衡能力以及发展肩带和体后肌群具有一定的作用。

（3）骑撑及还原

由支撑开始（以右腿摆越为例），右臂顶杠，重心左移，紧接着右手推离杠，同时，右腿经侧摆越靠近脸前由上落下前伸成骑撑。还原动作同单腿摆越，这一动作分别是由顶、移、推、摆、握、伸（并）等一系列的动作组成。核心问题是移肩、推手、摆越。没有移肩就不可能获得一个相对稳定的支撑，也就谈不上摆越。因此移推摆动作要连贯，一气呵成。

（4）翻身成支撑

站立悬垂姿势开始，一脚用力蹬地，另一腿向杠后上方摆动，同时屈臂引体尽量使腹部靠杠，因为重力矩与肌肉用力成正比。并腿后伸，翻腕，抬上体成支撑，完成这一动作的力主要有二个方面：一是蹬摆所获得的力，使下肢迅速向上腾起；二是屈臂引体和上体后倒所获得的力。使身体沿握点转动。这两方面的力达到统一时，就能轻松地完成这一动作。

（5）转体90度下

由右腿骑撑开始，右手离身体20厘米处反握杠，左臂推杠，上体向右侧倒，重心向支撑臂移动，左腿向左侧前方摆越制动，右腿下压利用杠的弹性位能使身体腾起。右腿并左腿，同时转体90度挺身下。

（6）转体180度成支撑

由右腿骑撑右手反握开始，左臂推杠，身体重心移至右臂上，上体主动向右侧倒。挺身，后举腿。左手推离杠上举，以右臂为轴，上体带动全身向右转体180°，左手换握杠，右腿向左腿并拢成支撑，完成这一动作的关键是平衡问题。因此，要调整与控制身体在杠子前后的重力矩，特别是应注意在摆腿后杠前的力臂增大时的身体控制。

（7）单挂膝后回环

以右腿骑撑为例，左腿向后摆，两臂推杠，尽量将身体后移，以

获得最大的重力距；右腿屈膝挂杠，接着主动后倒肩，同时右腿经下前摆，以增加回环速度。当肩部回环通过杠下垂直面接近杠水平部位时，制动左腿，并迅速抬上体，做翻腕，压杠和右腿前伸动作。

（8）支撑后回环

由支撑开始，两腿前摆，含胸直臂撑杠，肩在杠前，接着两腿向后上方摆起，直臂顶肩撑杠。当身体下落腹部接近杠时，上体迅速后倒，两腿前摆稍屈髋，压臂合肩，使腹部绕杠回环，当回环近 3/4 时，两腿后伸（制动），抬头转腕，控制回环成支撑。

（9）支撑后摆

从支撑开始，两腿先前摆（预摆），上体保护稍前倾，接着两腿向后上方加速摆起，当两腿后摆接近最高点时，右（左）手推杠，并带动身体向右（左）转体 90 度直体落地成左（右）手握杠的侧立。这一动作重点是后摆高度及推手时机，应在后摆接近极点时推手转体。

（10）骑撑前回环

由右腿骑撑开始，反握直臂撑起，前腿举高，重心提起前移，使后腿大腿前部靠杠，挺胸、前倒、向前跨出，尽量使重心远离握点，以获得较大的倾倒重力矩，当身体回环接近杠后水平部位时，前跨腿前伸下压，伸髋，左腿继续后摆，同时稍含胸，直臂压杠、转腕、锁肩，成骑撑。

（11）慢翻上

由悬垂开始，屈臂引体，同时收腹向杠后上方举腿，上体后倒，腹部靠杠，两腿过杠后水平部位时，制动，接着抬上体，翻腕，抬头成支撑。悬垂慢翻上属用力动作类型，主要靠肌肉的拉力矩来对抗重力矩。因此，身体重心靠近支点。

（11）悬垂起摆

悬垂起摆动作是指静止状态变为摆动状态的一种方法。有直臂起摆和屈臂起摆两种形式。直臂起摆是由直角悬垂开始，两腿向后摆腿，向前振胸，充分拉长身体前侧肌群，有利于快速收缩。

紧接着上体后倒，两臂用力压杠，迅速收腹举腿，当肩部过杠下垂直部位时，两腿积极向前上方沿弧线伸出送髋，两臂伸直向后带杠，拉开肩角，身体伸直自然后摆。

屈臂起摆是由悬垂开始，两腿向前小摆动一次，顺前摆之势引体同时收举腿，紧接着上体迅速后倒，当肩部过杠下垂直面后两腿向前上方伸腿送髋，同时两臂向后带杠。逐渐拉开肩角，身体伸直远伸，自然后摆。

（12）悬垂摆动

悬垂起摆后，保持身体伸直姿势后摆，当接近杠下垂直部位时，沉肩稍屈髋，摆过垂直面后，迅速向后甩腿。当近极点时，两臂稍压杠向前转腕。前摆时顶开肩角，脚远伸，身体尽量伸直，接近杠下垂直部位时沉肩留腿，过垂直部位后，迅速向前上方踢腿，同时扣腕。

接近极点时，伸直身体准备后摆。悬垂摆动中不论前摆还是后摆，在极点时都需伸直身体，目的是为了增加重力矩，而近杠下垂面时的沉肩则有利于利用单杠的弹性位能，帮助身体重心上升。留腿是为了充分拉长身体前侧肌肉的长度，有利于迅速踢腿与甩腿动作，用以增加转动速度，克服阻力矩不断地提高位能。

（13）成正反握悬垂

由悬垂前摆开始，前摆接近杠下垂直面时，沉肩留腿，过垂直面后，两腿用力向前上方（稍偏向转体的一侧）踢腿，同时转体的一侧臂顶直，头靠上臂。当前摆接近最高点时，另一臂向后带杠，推离杠。两脚尖顺转体的一侧扭转，带动身体以转体一侧臂为轴转体180度，接着迅速握杠，当达到最高点时完成转体成正反握悬垂。

（14）悬垂摆动后摆下

由悬垂摆动后摆开始，当接近垂直面时，沉肩稍屈髋，过垂直面后，两腿向后上方甩腿，当后摆接近极点时，制动腿，直臂压杠，抬头振胸挺身下。

（15）悬垂摆动屈伸上

悬垂摆动开始，前摆接近极点时，拉开肩角，尽量伸直身体，接着迅速收腹举腿，屈髋成两脚靠杠的屈体悬垂，当身体后摆肩过杠下垂直部位后，两腿沿杠向前上方伸出至髋关节靠杠，同时两臂伸直压杠，转腕，积极跟上体成支撑。初学者要控制住前摆速度与幅度。

（16）悬垂摆动骑上

由悬垂摆动开始，前摆接近垂直部位时，稍屈髋，含胸压杠，展

髋、拉开肩角，前摆近极点时，迅速屈髋、举腿、翻臀，接着左腿顺势从两臂间穿过，右腿举至杠前。

当身体后摆肩部至杠下垂直部位时，身体自然下沉，重心远离握点，左腿尽量靠近上体，肩过垂直部位后，左腿迅速向前上方伸压至大腿根部，右腿顺势后摆，同时两臂伸直压杠，跟上体成骑撑。

(17) 倒弧形摆成悬垂

由支撑开始，梗头、上体迅速后倒，同时大腿上部靠杠，当肩部摆过杠下垂直部位后，两腿迅速向前上方伸出，送髋，同时两手深握杠，直臂顺势向后带杠，拉开肩角，稍低头，看脚继续远伸，使身体向前上方逐渐伸直。

(18) 摆动前摆挺身下

由悬垂后摆极点开始，前摆接近杠下垂直部位时，沉肩留腿，过垂直部位后，两腿迅速向前上踢腿。当两腿前摆接近极点时，下压制动。同时两臂直臂向后带杠，胸部向前上急振，脱手腾空时保持挺身下落。

(19) 分腿摆越成悬垂

前摆过杠下垂面后，两腿向前下方伸压制动出髋拉开肩角，接着举腿翻臀，两腿从两臂间穿过，成屈体悬垂后摆。当肩摆过杠下垂直部位时，以脚面发力向前上方伸腿制动，肩升至杠上用力压杠推离。上体迅速跟肩提腰，两腿侧分向后越杠，两手立即下伸抓杠并保持肩带适度紧张，并腿后伸下落成悬垂。此动作要做得快速、连贯，一气呵成。

(20) 左转体180度下

由屈体立撑开始，两手深握杠，两臂和两腿伸直，脚前掌用力蹬杠，含胸、梗头、吊臂向后弧形后倒。当臀部摆过杠下垂面至水平面前，两脚迅速向前上方脱脚蹬出远伸，同时两臂要直，顺势带杠，顶开肩角，在髋关节接近伸直时，以脚带动身体向左转体180°，右手随身体转动脱开，左手压推杠挺身跳下。

(21) 腾身回环

由支撑后摆极点开始。两腿下落过杠后水平部位时，肩逐渐后移，两臂伸直撑杠，保持一定肩角。待身体摆至距杠约0.3米时，迅速举

腿倒肩摇臂，两臂压杠向后回环，当肩回环过杠下垂直部位后，稍向后上方迅速伸髋。在髋关节将近伸直时制动腿，同时两臂伸直向下压杠，向上顶肩，翻腕，直体上成经手倒立。

（22）大摆翻上成支撑

由支撑开始，两腿向后上方摆起，两臂顶肩向后推直，身体伸直下摆。接近杠下垂直部位时，沉肩留腿，过垂直面后向前上方踢腿。当身体前摆过杠前水平面后，制动腿，以肩为轴挺身抬头，同时两臂用力压杠翻腕成支撑。

（23）向后大回环

向后大回环是单杠绕轴摆动中幅度最大的动作之一。它是连接各种转体、回环、飞行、跳下等难度动作的一个重要基础动作。动作由倒立下摆开始，直臂含胸顶肩下落，脚远伸，使身体尽量伸直，以获得最大的转动力矩。前摆接近杠下垂直部位时沉肩留腿，摆过垂直部位后，迅速向前上兜踢腿、屈髋、翻臀，减少肩角，提高转动角速度。当身体接近杠上垂直面时，伸髋、顶肩、翻腕上成手倒立。

（24）单脚蹬地翻上成支撑

由站立悬垂姿势开始，以右脚蹬地为例，两手正握低单杠与肩同宽，接着左腿经前向后上方迅速摆起，右脚用力蹬地。同时屈臂引体到肩腹部靠杠，当左腿超过杠水平面时，右腿迅速跟上并拢，继续向后上方摆动至小腹贴杠两腿下落，随之抬头、挺胸、翻腕、伸髋成直臂支撑。

（25）倒下

器械体操动作中由高部位落至低部位的基本术语之一。指肩部自上而下的弧形动作。即由支撑转为悬垂或由较高的支撑转为较低的支撑动作。从方向上有向前和向后倒下。如：单杠由支撑后倒接屈伸上。

（26）摆越

指单腿或双腿在器械上面或下面越过的动作。如：单杠由悬垂两腿杠下摆越成后悬垂。单腿摆越有同侧和异侧摆越之分。

（27）回环

器械体操动作的基本术语之一。指身体绕器械轴或握点连线做的由支撑经悬垂再回到支撑的翻转动作。从方向上有前、后、侧等。从

动作形式上可做团身、屈体、挺身、挂膝、骑撑等回环动作。如：单杠支撑后回环。

4. 裁判评分

基本规则

（1）良好姿态

一套现代单杠动作是运动员运用各种握法，流畅地完成半径长短不同的摆动、转体和飞行动作。运动员必须从双腿并拢静立或加助跑，跳起抓杠或由别人帮助上杠；上杠后身体静止或悬垂摆动，但要保持良好的姿态。评分从运动员离开地面开始。

（2）发出信号

竞赛没有正式开始前，运动员们在各个项目上做赛前练习，时间是每个人30秒。每个队有5人，共2分30秒。竞赛开始后，项目裁判长高举绿旗或打开绿灯，这是给准备竞赛的运动员一个信号。如果信号发出后30秒钟，运动员还未上器械，就算弃权，判为0分。

（3）右手示意

运动员上器械前，要面向裁判长举起右手示意，这既是对裁判的尊重，也是提醒裁判员注意：我要开始做动作了。当运动员完成一套动作之后，也要向裁判长立正、示意，表示动作完毕。

（4）全面评分

A、B组裁判员就开始按照各处的职责，对这套动作进行全面的评分。先由A裁判组根据运动员完成的难度、特殊编排和连接动作等几个方面来确定一个起评分，起评分最高为10分，向全场显示。

B组裁判员则要求在30秒之内对这套动作的技术、姿态等方面进行扣分，并填写在记分单上，由电子计分系统或跑分员送至裁判长处。最后由裁判长根据A、B组裁判员的打分情况，示意出该动作的最后得分。

评分原则

转体结束的位置必须在倒立位置30度以内，30度至45度扣0.1分，45度至90度扣0.3分，高于90度扣0.5分。

第十章

高低杠运动的竞赛与裁判

1. 高低杠的概述

基本状况

(1) 主要动作

高低杠是女子体操项目之一。9世纪后半叶女子体操运动在欧洲开始盛行，起初男女都是平行双杠，由于女子的生理特点，完成动作难度较大，于是把双杠一侧升高，以便女运动员完成动作。

高低杠动作有各种屈伸、回环、绷杠、弹杠、腾越和空翻等。整套动作要求动力，避免停顿和附加支撑。

(2) 新的规定

从1992年第二十五届奥运会开始，团体赛中高低杠得分不带入单项决赛，满分10分。

从2006年使用体操新规则起，得分不设上限。由A分和B分两部分组成。A分为难度分，不设上限；B分是完成分，满分10分。团体预赛前8名获得决赛资格。每队最多有2人参赛。

历史发展

(1) 起源情况

19世纪末叶，女子体操在欧洲盛行，当时女子和男子一样，练的是平行双杠。以后为了适应女运动员的特点，把双杠的一侧升高，成为高低杠。早期的高低杠动作比较简单，杠下是一些悬垂动作的上杠，杠上是利用混合支撑完成的静止动作。

(2) 现代发展

在20世纪30年代的一些国际竞赛中，规定动作必须在高低杠上完成，自选动作可以在高低杠上也可以在双杠上完成。

20世纪50年代中期，摆动动作增多。20世纪60年代末期，高低杠技术迅速发展，促使器械装置得到改进，增加钢丝牵绳，加强了稳定性。现行高低杠竞赛的器械有一定规格。运动员的一套动作应包括各种摆起、回环、屈伸上和倒立，各种沿身体纵轴的转体，各种空翻、绷杠、振浪、换握和腾空动作。全套动作要求充分利用高、低两杠，在一杠上最多只能连续做4个动作。

这一时期是高低杠技术飞速发展的时期，以前苏联运动员拉蒂尼娜为代表的一些体操强手在全套动作中加进了大幅度摆动动作。捷克斯洛伐克运动员恰斯拉夫斯卡则把两杠之间的变化组织得更加惊险、紧凑。前苏联运动员科尔布特在高杠上做了蹲撑后手翻握杠接大摆的动作，被国际上命名为"科尔布特空翻"。罗马尼亚运动员科马内奇在 1976 年蒙特利尔奥运会上，以高难度的连接和以她命名的下法，获得了 10 分的成绩。

近年来高低杠发展的趋势是移植了许多男运动员单杠上的动作，使整套动作编排巧妙，技术复杂多样化，同时全套动作不断加长。随着体操护掌的改革，相继出现了大回环动作和空翻再握类动作。

中国运动员高低杠水平亦较高，绷杠技术尤为先进。在 1979 年第二十届世界体操锦标赛上，中国选手马燕红以高难度的动作、大幅度的摆动和优美的姿态，与前德意志民主共和国选手格瑙克并列为这个项目的世界冠军。

2. 器材设施

场地设施

（1）场地的选择

高低杠运动的强度非常大，特别对于女性来说，更是一项比较难度比较大的运动。练习者应该选择空旷、通风、平坦的场地进行训练。

（2）场地的要求

地面上还要有垫子，这样有利于下杠时的缓冲，对于保护运动员是十分有好处的，否则非常容易造成意外伤害。垫子的厚度在 0.18 米至 0.22 米之间即可。

另外，如果是在室内进行高低杠运动，还要考虑光线的因素，良好的光线有助于运动员水平的正常发挥。

器材装备

（1）高低杠的标准

高低杠是女子体操特有的一个项目，它由一高一低两副杠组成，杠间距离可以调整。低杠高 1.3 米至 1.6 米，高杠高 1.90 米至 2.4

米，两杠之间的水平距离可由运动员根据自己身材或习惯调节。运动员调节好距离后，往往会在手上、杠上涂些防滑粉。

横杠是椭圆形的，长径0.05米、短径0.04米，是由玻璃钢加木质杠面制成的，具有良好的弹性和坚固性。规则中对成套动作的不同难度的组合要求。

（2）适应女性特点

女子体操运动员用的也是双杠，可这样使女子上肢负担太重，不适应女运动员的特点。于是，人们采用两根高低不平的杠子，也就是把双杠的一根杠子升高，另一根杠子保持原来的高度。就在这两根高低不平的杠上进行坐、仰、卧、立撑、平衡等竞赛动作，这就是高低杠的前身。

到1960年以后，高低杠技术的发展日新月异，器械也不断完善，终于产生了今天大家见到的高低杠。

3. 技术动作

马燕红回环倒立

腾身回环倒立转体360度。

莫慧兰空翻

团身前空翻越杠再抓杠。

刘璇单臂大回环

单臂大回环直接接单臂。

李莉腾越

正吊分腿后切越杠再抓杠。

罗丽倒立

中穿前上成扭臂握倒立。

马燕红下

腹回环绷杠团身后空翻转体360度下。

李莉回环

高杠并腿后撑摆动成悬垂，中国体操队员李莉创造。

李娅空翻

前空翻转体180度抓杠直接接前空翻。

张文宁

后摆并腿或分腿腾跃转体180成高杠悬垂。

4. 裁判评分

基本规则

（1）具体要求

规则中对成套动作的不同难度的组合要求、低杠和高杠之间的转换次数以及腾空动作的难度、转体的难度均有具体的要求。

（2）特殊动作

高低杠竞赛中，运动员通常是从一块有弹性的跳板开始，通过会有一系列的摆动、回环动作，并运用转、跳等特殊动作在高、低杠间移动。高低杠运动必须流畅，不能有停顿。动作可能包括双手离杠的筋斗、转体等17个至18个不同动作，通常会在1分钟内完成。

（3）动作难度

高低杠竞赛的评分主要看动作编排、握杠方法、移杠方式以及动作难度等。下法，即落地前的最后动作，同样是高低杠竞赛中的精彩部分，落地必须能够控制自己的身体，靠跨步或跳跃帮助平衡都会被扣分。

高杠之间的转换次数以及腾空动作的难度、转体的难度均有具体的要求。

修订规则

（1）扣分标准

高低杠在规则上的改动比较小，除了限制同源类动作的使用之外，主要是对动作完成扣分情况的改动。高杠上的转体动作，对度数的要求更加精准，在10度之内完成承认难度价值，分数不扣；超过10度将不被承认难度价值，在10度至30度之间不扣完成分；30度至45度之间扣0.1分，超过45度扣0.3分。

（2）动作变化

对于转体的要求客观上限制了 540 度转体的发展，提倡多种类型的长串动作的连接出现，或者是空翻类动作的使用。这些改动不仅要求运动员能够精准的完成转体动作，而且要求运动员掌握更多种类型的动作，这样成套的观赏性和价值才会不断的增高。

成套动作评分

（1）补充动作

成套难度从双脚离开踏板或垫子时开始计算。

①踏板　不允许在踏板下加入支撑物；

②助跑　当选手第一次助跑没有接触到踏板、器械或跑到器械下方，允许选手进行第二次助跑完成上杠；

③动作　若第二次助跑依然没有成功完成上杠，则选手必须直接上到器械上开始完成成套动作；

④接触　只要没有接触到踏板，器械或者跑到器械下方，则不对选手进行扣分；

（2）失误扣分

①摔下　当从器械上摔下后，选手可以在 30 秒的时间内重新上到器械继续完成成套动作，计时从选手落地时开始；

②时间　落地后到重新回到器械上的时间将通过记分牌显示；

③提示　提示，选手回到器械上的信号将在选手掉落器械后 10秒、20 秒、30 秒的时间点发出；

④相同　如果成套中有 3 个同样动作，并且其中两个难度价值相同，那么则根据动作完成顺序来计算。

第十一章

平衡木运动的竞赛与裁判

1. 平衡木概述

基本状况

（1）时间的限制

平衡木是女子体操项目之一，平衡木有完成时间的限制，对于成套的动作难度和空中技巧均有严格规定。平衡木运动正像它的名字那样，需要平衡能力。运动员要在一根高出地面 1.2 米，表面宽度约 0.1 米的横木上做出一连串的舞蹈与翻腾动作。

（2）姿态的要求

身体姿态与身体控制是最重要的。平衡木上的许多动作与自由体操动作相似，但难度正越来越大。运动员也是从一块跳板上平衡木，在 75 秒至 90 秒时间内完成动作并下平衡木。平衡木动作也要求连贯，用时不足或超时、摇摆、中途落地、停顿等都会被扣分。

历史发展

（1）平衡木起源

平衡木起源于公元前的罗马时代。18 世纪末，德国体操家将其用于体操训练的辅助器材，后传入欧美国家。最初平衡木为圆形，两端及中部用支架支撑。

平衡木表面狭窄，对运动员完成动作的准确性和控制身体平衡的能力有很高的要求。平衡木的动作包括各种跳步、转体、波浪、平衡、造型及技巧翻腾，并组成成套动作。

（2）竞赛项目

19 世纪初，德国体操家古茨穆特斯将平衡木设计成平面，置于地上。1845 年成为女子体操项目。1952 年第十五届奥运会开始，列为竞赛项目。平衡木决赛时每队最多 2 名运动员参赛，只有在团体赛中平衡木成绩排位前 8 名或前 6 名者才有参赛资格，只比自选动作。将运动员在团体赛中规定动作与自选运动总得分的 50%，加上平衡木决赛中自选动作的得分，作为最后得分排列名次，得分高者名次列前。满分为 20 分。

（3）当代发展

至 20 世纪 80 年代，平衡木运动发展迅速，自由体操中的大量动作被移植到平衡木上完成，平衡木运动已由动静结合发展成以动为主，难中求稳的竞技项目。奥运会平衡木决赛每队最多 2 名队员参赛，只有团体赛中成绩前 8 的运动员才有参赛资格，只比自选动作。

1992 年奥运会开始，团体分不带入单项，仅以自选动作的得分判定名次，满分 10 分。从 2006 年使用体操新规则起，得分不设上限。由 A 分和 B 分两部分组成。A 分为难度分，不设上限，B 分是完成分，满分 10 分。团体预赛前 8 名获得决赛资格。每队最多有 2 人参赛。

2. 场地设施

场地设施

（1）场地选择

场地要求一定平坦，防止出现意外的脚部或者腰部受伤。还要有良好的通风条件，这样有助于运动员发挥出最出的水平。

（2）场地要求

场地上还要有厚垫子，因为平衡木很容易出现意外跌落的情况，而且在下木的时候，需要有一定的缓冲。

规格规定

（1）平衡木标准

平衡木长 5 米、宽 0.1 米、木高依需要可升可降，正式竞赛高度为 1.2 米。平衡木有完成时间的限制，对于成套的动作难度和空中技巧均有严格规定，在国际大型体操竞赛中使用的平衡木必须严格按照国际体操联合会的规定和要求制作。

（2）技术要求

平衡木的表面是光滑的油漆过的木头。自 1980 年代后，平衡木表面包裹皮革。现在，平衡木装有弹簧来缓解高难度的空翻和舞蹈技巧所产生的压力。

大部分体操学校购买符合国际体操联合会标准的平衡木，有一些

使用表面包裹毛毯的平衡木作为练习用。在学习新的动作的时候，运动员通常使用高度离里面仅有几十厘米，而其他尺寸不变的平衡木，这样可以减少危险性。

服饰装饰

（1）竞赛时

竞赛的时候，一定要穿正规的体操服，不允许有饰物，以免造成意外的伤害。如果是集体竞赛，还要统一服装，以利于竞赛的进行。

（2）训练时

在平时训练的时候，服装也要尽量简洁舒适，最好选择弹性好的紧身运动衣裤或体操服。

3. 技术动作

基本技术

（1）早期动作

在女子竞技体操发展早期，平衡木更多的是表现舞蹈而不是空翻。一套动作通常由跳跃、舞蹈造型、倒立、滚翻和走动组成。在 1960 年代，一般参加奥运会的体操运动员最难的动作是后手翻。

（2）发展动作

1970 年代平衡木的动作难度开始有了显著增加。奥尔加·科布特和纳迪娅·科马内奇在平衡木上引入了空翻动作，其他运动员纷纷效仿。这个技术的革新也促进了平衡木从直接的木头表面转为更安全的，不光滑的皮革覆盖的表面。到了 1980 年代中期，顶尖体操运动员的动作套路都包括了空翻的动作。现在，平衡木动作仍然由技巧动作，舞蹈元素，跳跃和静止组成，但是难度大大增加了。

（3）必做动作

通常一套平衡木动作都教练和运动员编排而成。在编排上没有什么特别的限制，但是运动员必须完成一些规定动作。这些动作包括 360 度转体，一个分腿 180 度跳，向前和向后移动等。运动员还必须完成一个"飞行组合"，两个或更多连续的技巧动作的组合和"综合

组合"，两个或更多连续的舞蹈动作和技巧动作的组合。

（4）时间限制

根据国际体操联合会的规则，一套平衡木的时间限制是 1 分钟 30 秒。时间显示在积分牌上，运动员和裁判都可以看见。在竞赛的时候，时间到了 1 分钟 20 秒的时候会有一个铃声作为提示。如果运动员没有在 1 分钟 30 秒之前结束竞赛，另一个铃声会响起，这套动作将被扣分。

空翻

（1）空翻概念

竞技体操中常用的基本术语之一。指在空中，经过头部的翻转动作。从方向上有向前、向后、向侧空翻。

（2）动作形式

动作形式上有团身、屈体和直体空翻。一般围绕横轴或前后轴翻转。如团身前空翻、直体后空翻、屈体侧空翻等。进入 70 年代后竞技体操技术迅速发展，已出现了直体空翻两周和团身空翻 3 周等。空翻动作是男女自由体操、支撑跳跃、平衡木中核心动作，一套自选动作的质量高低往往由空翻的质量高低来衡量。

杨波跳

（1）杨波跳概念

学名"分腿结环跳"。

（2）动作形式

双腿开度大于 180 度，两腿不弯曲，另一个是要向后伸的角度。

李莉背转

背转 450 度。

李莉倒立

倒立转体 360 成水平支撑或者屈体支撑或者单臂侧摆成坐木。

罗莉跳倒立

中穿前上成扭臂握倒立。

陆莉跳

横木上一腿屈一腿直跳转 90 度成交叉站木。

陈翠婷下

体操动作之一，在平衡木竞赛中，团身后空翻分腿坐下。

4. 裁判规则

基本规则

（1）动作计算

成套动作从双脚离开踏板或垫子时开始计算。

（2）动作规定

不允许在踏板下加入支撑物。当选手第一次助跑没有接触到踏板、器械时，允许选手进行第二次助跑完成上杠。在第二次助跑后选手如果依然没有成功完成上杠，则选手必须直接上到器械上开始完成成套。上杠失误会直接扣除编排分，但如果选手之前都没有接触倒踏板或器械，则不追加扣分。

（3）完成时间

成套动作完成时间不得超过 90 秒。

计时规定

（1）计时概念

成套难度计算从选手身体离开踏板或垫子计时开始。当选手完成木上动作后，到选手通过下法或无下法接触倒体操垫为止，计时结束。

在选手完成动作至 80 秒时，会给出一个提示信号；当到规定完成动作的最后时间 90 秒时，会给出第二次信号。

（2）实施方法

如果在第二次信号鸣响时完成下法并落地，不扣分。

如果在第二次信号鸣响结束后完成下法并落地，会扣除一个超时分，但裁判在计算成套难度价值时需把下法算入。

超时罚分

（1）超出时间

超出规定时间 0 秒至 2 秒，扣 0.1 分；

超出规定时间 2 秒以上，扣 0.3 分；

（2）超出动作

规定时间外完成的动作可以被 A 组裁判认可并由 B 组裁判进行评分。计时员将选手超出规定时间的情况通过书面报告的形式提交给器械裁判长，并由他从最后得分中扣除。

成套动作内容

A、B、C、D 和 E 组难度动作必须选自下列动作组：

向前、向侧或向后的有腾空的或无腾空的技巧动作，体操动作：转体、单或双脚跳和小跳，走和跑组合，站立、坐和卧姿的平衡动作，身体波浪。允许两个静止的、典型的平衡木动作，额外的静止动作将要扣分。

5. 评分规则

基本规则

（1）成绩因素

很多因素决定了运动员最后的成绩。裁判裁定动作中是否包含了所有的规定要求，动作难度等。在平衡木上所有的失误都将扣分，如为了保持平衡而增加的摇晃，动作完成质量差等。

运动员如果成功完成了难度很大的技巧动作和上下木动作都将获得加分，也可以通过连接一些难度较小的动作来获得难度加分。

（2）评分原则

2 名裁判评判一套动作的难度，给出起评分。6 名裁判评判根据动作的完成情况打分。去掉最高分和最低分，取余下 4 个分数的平均分。用起评分减去平均分，得出最后得分。如果出现平分，则根据 4 名 B 组裁判对参赛者动作完成情况给出评分，然后最终得出一个平均分以此来确定获胜者。

特殊连接加分

2 个有腾空的技巧动作的连接，除上杠和下法外；

3 个或更多的有腾空的技巧动作的连接。

专项器械扣分

上杠前多于一个动作，扣 0.20 分；

单腿撑靠平衡木侧面每次扣 0.20 分；

多于两个典型的平衡木静止动作每次扣 0.10 分；

集中注意力的停顿 2 秒以上，每次扣 0.10 分；

缺乏韵律和节奏的变化，扣 0.20 分；

技巧动作占主导地位，0.10 分；

多于一趟没有难度，每次扣 0.10 分；

第三次助跑，扣 0.50 分。